텍스트 마이닝

Text Mining

송민

도서출판 청람

▪ 저자 서문 ▪

텍스트 마이닝은 비정형 빅데이터 분석에 핵심적인 분야로 여겨지고 있습니다. 요즘 같은 데이터 홍수 시대에는 더욱 그 중요성이 커졌고 텍스트 마이닝에 관심을 갖는 사람들이 많아졌습니다. 이에 비해 텍스트 마이닝을 소개하는 책은 많지 않고 한글을 중심으로 텍스트 마이닝을 설명하는 책은 전무하다고 여겨집니다. 필자는 6년 전 미국에서 교수생활을 끝내고 한국으로 돌아왔습니다. 한국에 오기 전에는 주로 영어로 텍스트 마이닝 과제를 수행했습니다. 특히 영어 소셜 미디어 데이터와 바이오 문헌 데이터를 대상으로 텍스트 분석기술을 개발했습니다. 한국에 온 후에 한글 텍스트 마이닝 연구에 좀 더 관심을 갖게 되었고 학부와 대학원 수업에 텍스트 마이닝 과목을 개설하고 학생들에게 텍스트 마이닝을 소개해 왔습니다. 텍스트 마이닝 수업에서 교재가 마땅치 않아 늘 언젠가는 텍스트 마이닝 책을 써야지 하고 마음을 먹었는데 6년이 지나서야 책이 나오게 되었습니다. 어떤 내용을 다룰지 무척 고민도 많이 하였고 이론적인 부분만 치중하지 말고 이론과 함께 실제 사용할 수 있는 코드 예제도 포함시켜야겠다고 생각해 그 부분에서도 시간이 많이 걸린 것 같습니다. 코드 예제는 자바로 구현이 되었고 예제 코드를 포함한 'yTextMiner'라는 텍스트 마이닝 툴을 이 책과 함께 공개하기로 하였습니다(http://informatics.yonsei.ac.kr:8080/yTextMiner/home.html).

이 책이 텍스트 마이닝에 관심 있는 사람들에게 도움을 주고 실제 사용할 수 있도록 동기부여를 해주는 책이 되길 소망합니다. 앞으로 기회가 된다면 감성 분석, 딥러닝 등 텍스트 분석과 관련된 주요 주제들을 심도 있게 다루는 책을 집필하도록 하겠습니다.

끝으로 이 책을 끝낼 수 있도록 도와준 TSMM 랩 학생들(특히 서하림 석사, 김용환 박사, 정유경 박사)과 졸업 후에도 많은 도움을 준 제자들(특히 김수연 박사와 홍수린 석사)에게 고마움을 표합니다. 또한 책을 완성할 수 있도록 지원을 아끼지 않은 사랑하는 가족과 하나님께 감사를 드립니다.

집필을 마치며

저자 송민

▪ 차 례 ▪

Chapter 01 서 론

Chapter 02 텍스트 요소 단위별 분석 : 어휘 분석

Chapter 03 한글 형태소 분석

Chapter 04 구문 분석

Chapter 05 벡터 공간 모델과 단어 가중치

Chapter 06 동시출현 단어 분석

Chapter 07 토픽 모델링

Chapter 08 문서 자동요약

Chapter 09 단어 의미 중의성 해소

01

Chapter

서 론

Chapter 01 서 론

1.1 텍스트 마이닝 개요

우리가 텍스트를 분석하는 이유는 여러 가지가 있을 수 있다. 이런 다양한 이유 중에서도 텍스트 분석의 궁극적 목표는 원문을 이해하는 것이다. 이런 궁극적인 목표에 도달하기 위해서 텍스트 분석기술에 더 많은 발전과 진보가 이루어져야 한다. 이 때문에 텍스트 분석의 목표는 전체를 이해하는 작업보다는 처리가 용이하고 다루기 쉬운 하위 작업들을 선행해서 다루어 왔다.

텍스트 분석은 텍스트 마이닝(text mining)이 고유의 영역이다. 텍스트 마이닝은 비정형 텍스트에서 흥미롭고 의미 있는 정보를 발견하는 연구영역으로, 일반적으로 특정한 목적에 대해 의미 있는 정보를 추출하는 일련의 텍스트 분석 및 처리과정을 통해 이루어진다(Hearst, 1999; Feldman & Sanger, 2007). 여기서 '흥미롭다'는 것은 특별하고 숨겨져 있으며, 기존에 알려져 있지 않고 잠재적으로 유용한 것을 의미한다.

텍스트 마이닝이 데이터 마이닝과 가장 큰 차이점은 데이터 마이닝의 분석 대상이 되는 데이터가 관계형 데이터베이스(relational database)와 같은 곳에 정형화된 형태로 소장되어 있고 이런 정형화된 데이터에서 유용한 패턴을 찾는 것이 데이터 마이닝의 주된 임무이다. 이에 반해 텍스트 마이닝은 비정형화 텍스트에서 유용한 패턴이나 정보를 찾는 것이다.

최근 빅데이터 시대를 맞이하여 웹 2.0과 소셜 네트워킹 사이트들의 급격한 성장이 이루어졌고 방대한 양의 비정형 데이터가 생산되고 있다.

전 세계적으로 텍스트 데이터가 차지하고 있는 비율을 가늠해 본다면 세상에 존재하는 데이터 중 적어도 70~80%가 비정형화 데이터이다(Chakraborty, 2014). 여기에는 이메일, 신문, 웹기사, 내부 문서, 전화 통화 속기록, 연구보고서, 블로그, 특허 데이터 등 다양한 데이터가 속한다. IDC의 Digital Universe Study에 따르면 2010년대 초반에 전 세계 비정형 데이터의 총규모는 1.8제타바이트(zettabytes)이고 2020년에는 약 40제타바이트로 증가할 것이라고 예측하였다(https://www.emc.com/leadership/digital-universe/2014iview/index.htm).

이에 따라 텍스트 마이닝의 중요성이 한층 커졌으며 또한 하드웨어와 소프트웨어에서의 최근의 진보는 텍스트 마이닝이 적용될 수 있는 다양한 분야가 생겨났다. 예를 들어, 경영학에서 상품평에 나타난 고객의 의견들을 분석함으로써 상품에 대한 고객들의 만족도를 조사할 수 있다. 공공정책적인 측면에서 정부의 정책에 대해서 온라인에 나타난 대중들의 생각을 분석해서 정책전략 수집 및 홍보 등에 활용할 수 있다. 의료 정보의 경우 의학 학술문헌에 보고된 질병과 특정 유전자와의 관계들을 네트워크화해서 질병과 유전자 간의 새로운 관계를 규명할 수도 있다. 이처럼 다양한 영역에서 텍스트 마이닝은 사용되고 있으면 그 중요도는 비정형 데이터의 급속한 증가와 맞물려서 점점 증대될 것이다.

텍스트는 시대적 상황, 또한 민족적, 언어적, 그리고 문화적인 요소가 담겨져 있기 때문에 텍스트를 이해하고 분석하는 것은 매우 어려운 작업이다. 허스트(Hearst, 1999)는 다음의 5가지 이유로 텍스트를 다루는 것이 어렵다고 설명하고 있다.

① **추상적인 개념을 표현함에 있어서의 모호함** : 어떤 특정 개념은 한 단어로 표현되는 데 한계가 있다. 예를 들면, 정의(正義) 등과 같은 개념은 직접적으로 지각하거나 경험할 수 없는 사물의 개념으로 정의라는 개념을 표현하는 데 어려움이 있다.

② **개념들 간에 미묘하고 추상적인 관계의 수많은 조합이 존재함** : 개념과 개념 사이의 관계는 시대나 문화·사회적 상황에 따라서 또 문맥에 따라서 여러 가지로 규정될 수 있다. 이런 개념들 간의 관계를 규정하고 그 규정에 의거해서 관계를 파악하는 일이 결코 쉬운 작업이 아니다.

③ **유사한 개념(동의어, 유의어)을 표현하기 위한 다양한 방법이 존재** : 한 개념의

다양한 표현방법은 텍스트를 효과적으로 분석하는 데 큰 어려움을 준다. 예를 들면, '강'(river) 이라는 개념은 하천(stream), 개울(creek) 등으로 표현할 수 있다. 또한 글자의 음은 같으나 뜻이 다른 낱말을 의미하는 동음이의어의 문제도 텍스트 분석을 어렵게 한다. 예를 들면, 자바(Java)라는 단어는 프로그래밍 언어 자바를 의미할 수도 있고 섬 자바를 의미할 수도 있으며 또는 커피 자바를 의미할 수도 있다.

④ **텍스트 데이터의 고차원성** : 텍스트 데이터는 각각의 고유한 단어를 하나의 차원(dimension) 또는 자질(feature)로 하기 때문에 대부분이 고차원이다. 빅데이터 시대를 맞아 수백만 또는 수천만 개의 자질이 존재하기 때문에 다차원성의 저주(curse of dimensionality)에서 나타나듯이 다차원성에서 오는 여러 가지 문제를 해결하기 위해서 차원이나 자질의 수를 줄이는 다양한 방법들이 고안되었다. 또한 단어의 다차원적인 단언의 조합으로 된 문헌집단을 인간이 이해할 수 있는 2차원이나 3차원으로 차원 축소하는 문헌 클러스터링 같은 기법들도 고안되었다.

⑤ **개념을 시각화하기 어려움** : 위에서 설명한 바와 같이 단어로 표현되는 개념의 다차원성으로 인한 개념 시각화가 용이하지 않다. X축과 Y축의 이차원적 평면이나 3차원적 평면에서 이루어지는 시각화를 위해서 다차원적 단어들을 2차원이나 3차원으로 축소하는 기법들이 필요하게 된다.

이런 텍스트 처리의 어려움도 존재하지만 다른 한편으로는 컴퓨터를 이용한 텍스트 처리의 장점도 존재한다. 대표적인 것은 기계적 반복을 통한 대용량 데이터 처리가 가능하다는 것이다. 또한 한 문헌집단에서 고빈도 출현 단어들이 존재하고 대부분의 텍스트 마이닝 기법들은 이런 단어의 출현 빈도에 기반을 둔다. 이것은 지프의 법칙(Zipf's law)이 적용되는데 지프의 법칙에 따르면 어떠한 자연어 말뭉치 표현에 나타나는 단어들을 그 사용 빈도가 높은 순서대로 정렬한다면, 모든 단어의 사용 빈도는 해당 단어의 순위에 반비례한다. 따라서 가장 사용 빈도가 높은 단어는 두 번째 단어보다 빈도가 약 두 배 높으며, 세 번째 단어보다는 빈도가 세 배 높다. 이를 공식으로 표현한다면 다음과 같다.

$$f(k;s,N)=\frac{1/k^s}{\sum_{n=1}^{N}(1/n^s)}$$

위의 공식에 나타난 변수들을 다음과 같이 정의한다.

- N : 요소의 숫자
- k : 요소의 순위
- s : 분포의 특성을 나타내는 지수값

지프의 법칙에 따르면 N개의 요소들 가운데 순위가 k번 째인 요소의 사용 빈도 $f(k;s,N)$는 다음과 같다. 지프의 법칙은 어느 문헌집단에서나 나타나는데, 예를 들면, 브라운대학교 현대 미국 영어 표준 말뭉치의 경우, 가장 사용 빈도가 높은 단어는 영어 정관사 'the'이며 전체 문서에서 7%의 빈도(약 100만 개 남짓의 전체 사용 단어 중 69,971회)를 차지한다.

그림 1-1 ▌텍스트 마이닝 관련 분야

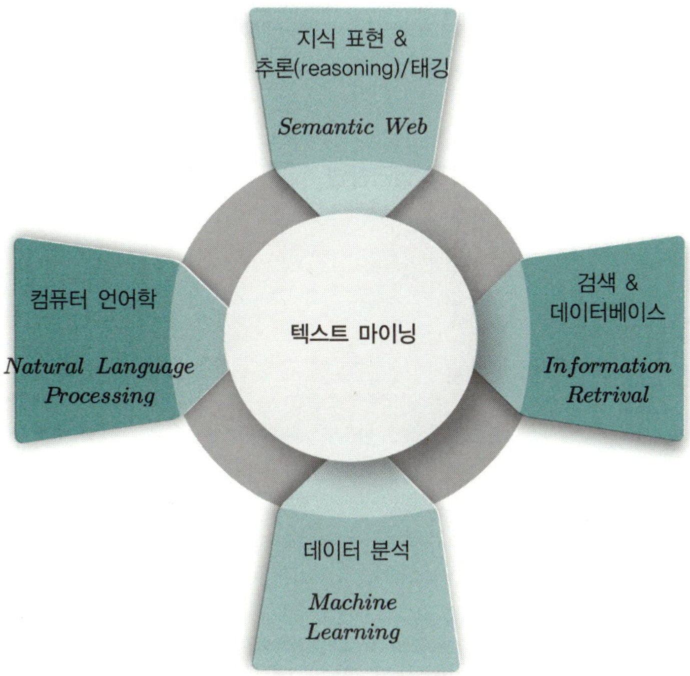

컴퓨터를 이용한 텍스트 처리에서 비교적 간단한 알고리즘을 사용해서 좋은 결과를 얻을 수 있는 것도 하나의 장점이다. 중요한 구절이나 단어를 추출하거나 의미 있는 관련 단어를 찾아내고 문서를 기반으로 요약문을 생성하는 텍스트 마이닝 기법들이 이에 속한다.

텍스트 마이닝은 다학제 분야(multi-disciplinary)이며 텍스트 마이닝과 관련 있는 분야로는 정보검색(information retrieval), 기계학습(machine learning), 시맨틱 웹(semantic web), 자연어 처리(natural language processing)가 있다(그림 1-1).

텍스트 분석은 세 가지 관점에서 접근할 수 있다. 첫째는 텍스트 분석의 요소 단위(element unit)에 따르는 접근이고, 두 번째는 텍스트 분석에 어떤 기법(technique)이 적용되는지에 따른 접근이고, 세 번째는 어떤 임무를 수행하느냐에 따른 접근이다. 요소 단위에 따른 접근은 문자 수준(character-level), 단어 수준, 구 수준, 문장 수준, 초록 수준, 전문 수준, 그리고 전체 문헌집단 수준까지 광범위하다. 기법적인 측면에서는 수작업 태깅에서부터 추론학습까지 여러 가지 텍스트 분석 기법이 존재한다. 임무 수행의 측면에서는 정보검색에서부터 비지도 기반(unsupervised), 반지도 기반(semi-supervised) 그리고 지도 기반(supervised) 기계학습(machine learning), 시각화(visualization), 요약(summarization), 번역(machine translation)에 이르기까지 다양하다.

그림 1-2 ▌ 텍스트 분석의 3가지 접근방법

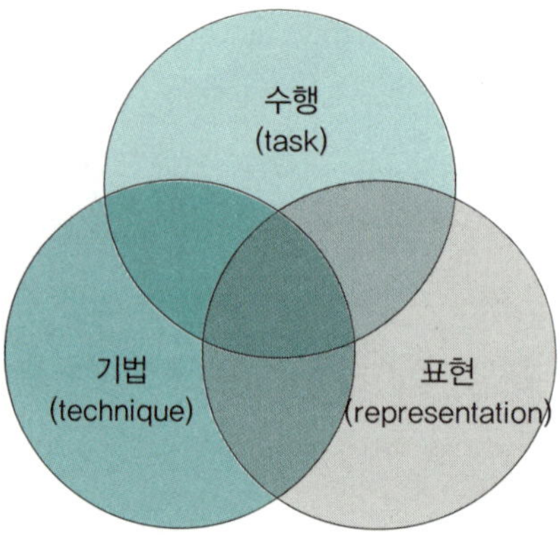

예 표현 : 단어 수준
기법 : 지도 기계학습
수행 : 개념 추출

이와 같이 텍스트 마이닝을 이해하고 실제 텍스트 분석에 적용하기 위해서는 텍스트 마이닝을 구성하는 여러 요소들을 기초적인 단계부터 심화단계까지 단계적으로 학습하는 것이 중요하다.

이 책에서는 우선 다양한 텍스트 처리방법과 기법의 이론 및 접근방법을 설명하고 그 후에 실제적으로 적용하기 위해서 자바(Java) 프로그래밍 언어를 이용해서 구현하고 설명함으로써 독자의 이해를 돕고자 하였다. 각 장에 소개되는 텍스트 분석과 마이닝 기법들에 대해서 대표적인 것들을 선정하고 코딩을 라인별로 설명하였다. 이 책에 소개된 코드들은 'yTextMiner'라는 텍스트 마이닝 패키지에 담아 배포하였다.

1.2 yTextMiner 패키지

yTextMiner는 한글 텍스트와 영어 텍스트를 처리할 수 있도록 고안되었다. 한글의 경우 한글 형태소 분석을 위해서 Komoran과 Twitter Korean 두 개의 오픈 소스 라이브러리를 이용해서 한글 형태소 분석을 수행하였고 영어의 경우는 Stanford CoreNLP를 사용해서 영어 형태소 분석 및 전처리를 수행하였다. yTextMiner의 아키텍처는 기본적으로 Stanford CoreNLP와 유사하며 Pipeline을 기반으로 한다.

yTextMiner를 사용하기 위해서는 다음과 같은 프로그램이 설치되어야 한다. 먼저 자바 7 이상이면 되는데 앞으로 업데이트를 위해서는 자바 8을 권장한다. 자바 8은 윈도우, 맥, 그리고 리눅스 운영체계에 따라서 다운로드받아야 할 프로그램에 차이가 있는데 여기서 제공하는 설명은 윈도우 운영체계에 맞추어서 설명한다. 자바는 JDK버전이 있고 JRE버전이 있는데 양쪽 다 무방하지만 JDK를 기준으로 설명한다. 자바 JDF 8버전은 아래 URL에서 다운로드 받을 수 있다.

- http://www.oracle.com/technetwork/java/javase/downloads/index.html

다운로드받은 후에는 설치 가이드라인에 따라 자바 8을 설치한다. 또 다른 프로그램은 이클립스(eclipse) IDE로 자바 프로그램을 구현하고 실행을 돕는 프로그램이다. 이클립스는 다양한 플랫폼에서 쓸 수 있으며, 자바를 비롯한 다양한 언어를 지원하는 프로그래밍 통합 개발 환경을 제공하며 www.eclipse.org/downloads 에서 다운로드받아 사용할 수 있다. 이클립스 스탠다드 버전을 다운로드받아 다음의 단계를 거쳐 설치한다. 설치 가이드라인은 이클립스 버전에 따라 다를 수 있으므로 주의가 필요하다.

1 http://www.eclipse.org/downloads/ 주소로 이동하여 Eclipse IDE for Java EE Developers를 클릭한다.

그림 1-3 | 이클립스 다운로드 페이지

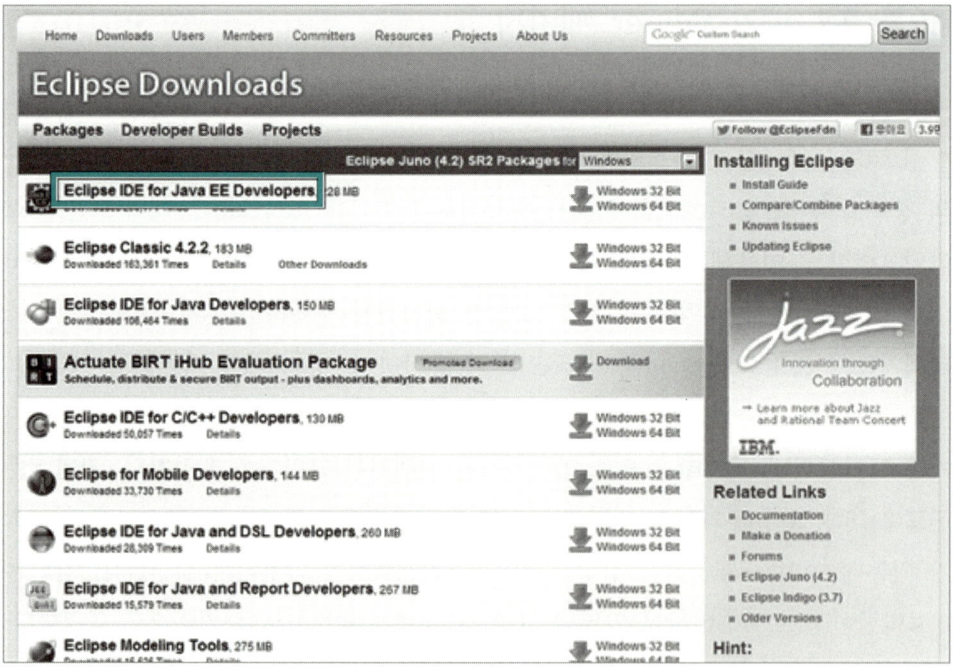

2 다운로드할 이클립스의 버전(주노, 인디고, 헬리오스, 갈릴레오 등)을 선택한다. 설치할 컴퓨터의 OS 종류에 맞는 링크를 클릭한다.

그림 1-4 | 이클립스 버전 종류

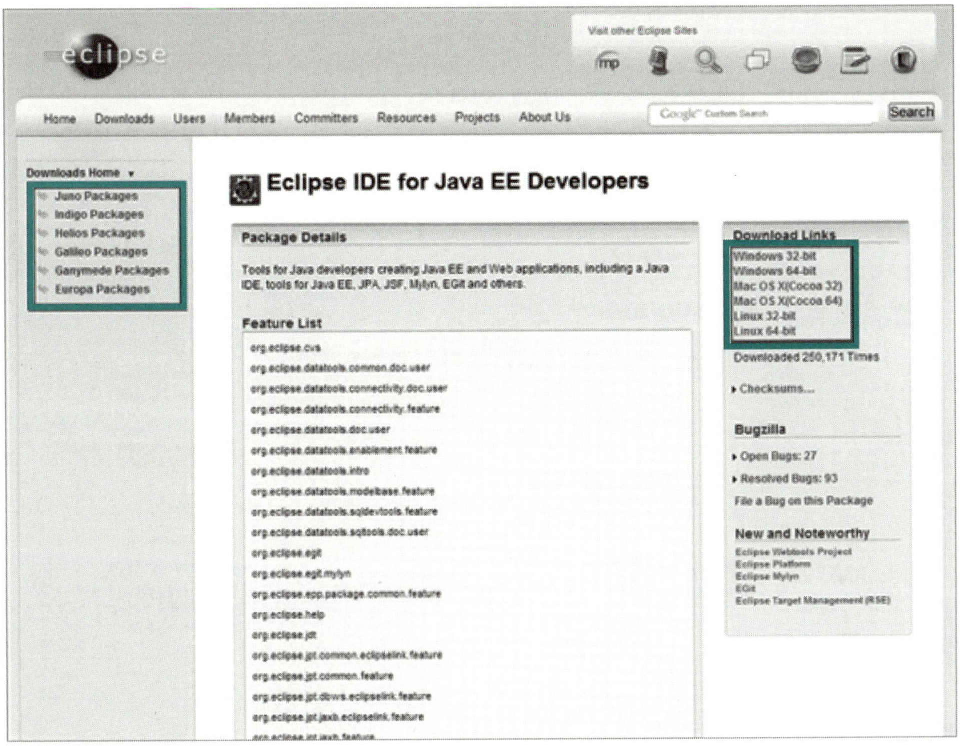

3 [Korea, Republic of] KAIST(ftp) 링크를 클릭하여 ZIP 파일을 이클립스가 설치될 공간에 다운로드한다.

그림 1-5 | 이클립스 다운로드 사이트 및 운영체계 선택

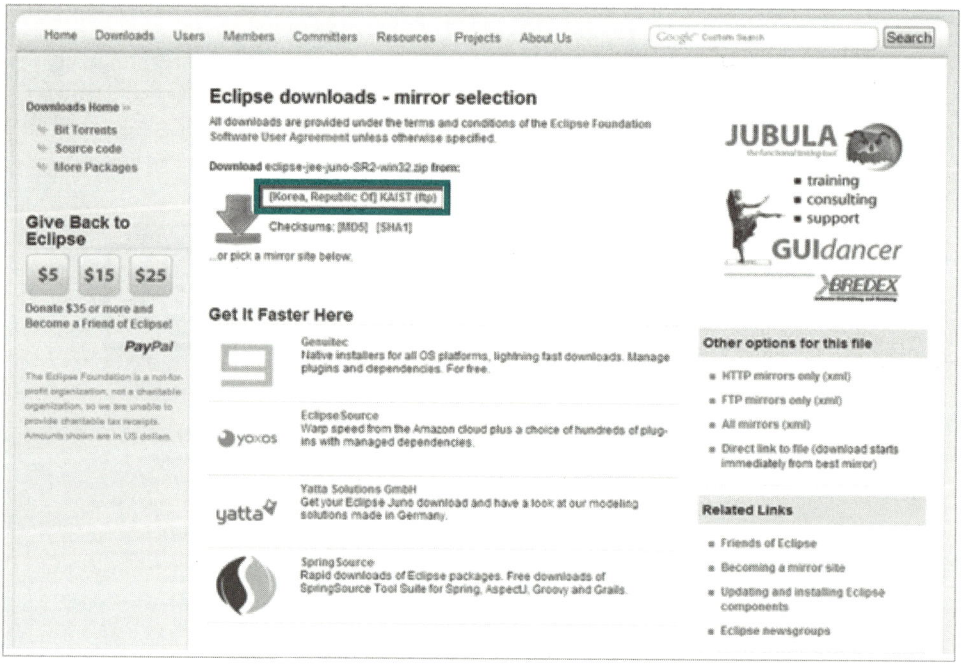

4 다운로드한 파일(zip)을 압축 해제한다.

그림 1-6 | 이클립스 다운로드 예

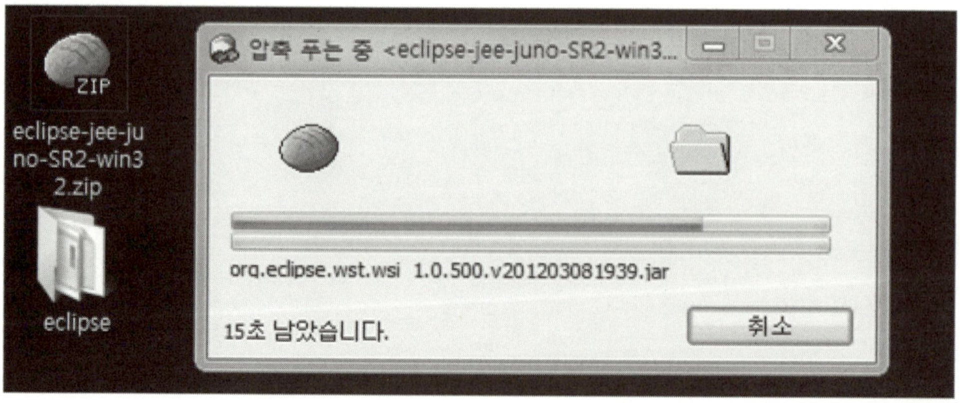

5 압축 해제가 완료되면 eclipse.exe 파일을 실행한다.
처음 실행 시 workspace 폴더를 지정 후 확인을 클릭한다(workspace 폴더는 이클립스에서 생성하는 프로젝트/폴더/소스 파일 등이 저장되는 공간이다.).

그림 1-7 ❙ 이클립스 실행 및 workspace 선택

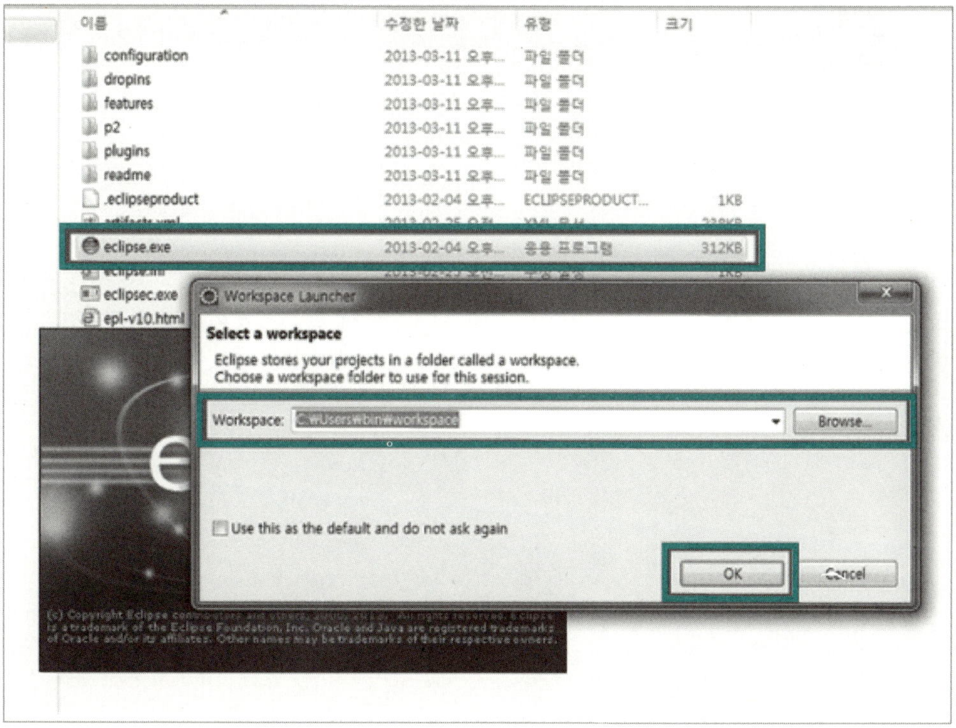

6 모든 설치가 완료된다.

그림 1-8 | 이클립스 첫 실행 후의 초기 화면

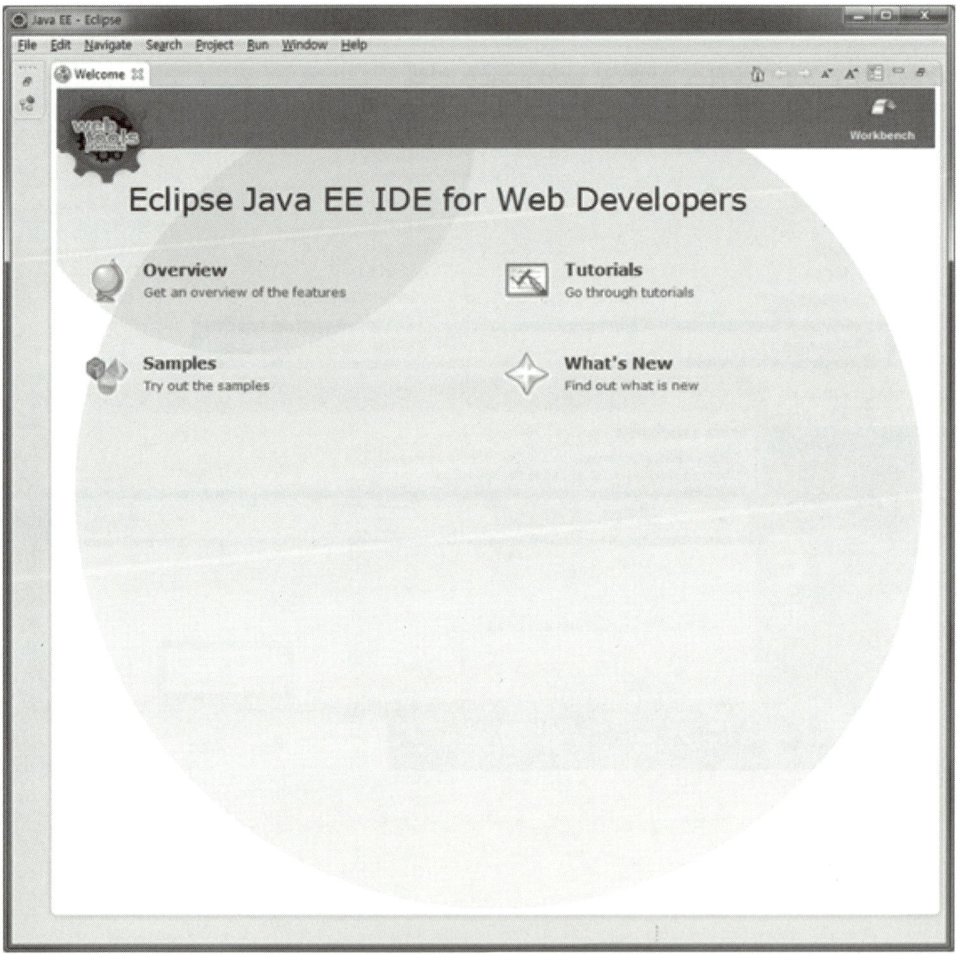

이클립스 설치가 끝나면 yTextMiner를 다운로드받아 설치해서 사용하면 된다. yTextMiner 프로그램은 http://informatics.yonsei.ac.kr:8080/yTextMiner/home.html 에서 다운로드받을 수 있다. yTextMiner1.0.zip은 용량이 약 1GB 정도로 상당히 큰 편이다. 그 이유는 텍스트 마이닝 기법들 중에 학습 모델이 필요한 기법들은 용량이 큰 모델들을 포함하고 있기 때문이다. yTextMiner1.0.zip 압축을 풀어 이클립스를 설치할 때 정했던 workspace에 yTextMiner1.0 폴더를 생성한다. 이때 주의할

점은 yTextMiner1.0 폴더 안에 yTextMiner1.0 하위폴더가 존재해서는 안 되고 yTextMiner1.0 안에 src, data, model, lib 등의 하위폴더들이 존재하면 된다.

이후 이클립스 아이콘을 더블클릭해서 실행한 후 메뉴에서 File을 선택하고 그 후 New를 선택해서 Java Project을 선택한다(그림 1-9 참조). Next 버튼을 누른 후에 다른 팝업창에서 프로젝트 이름난에 yTextMiner1.0이라고 쓰고 Finish 버튼을 누른다.

그림 1-9 | 이클립스에서 자바 프로젝트 생성방법

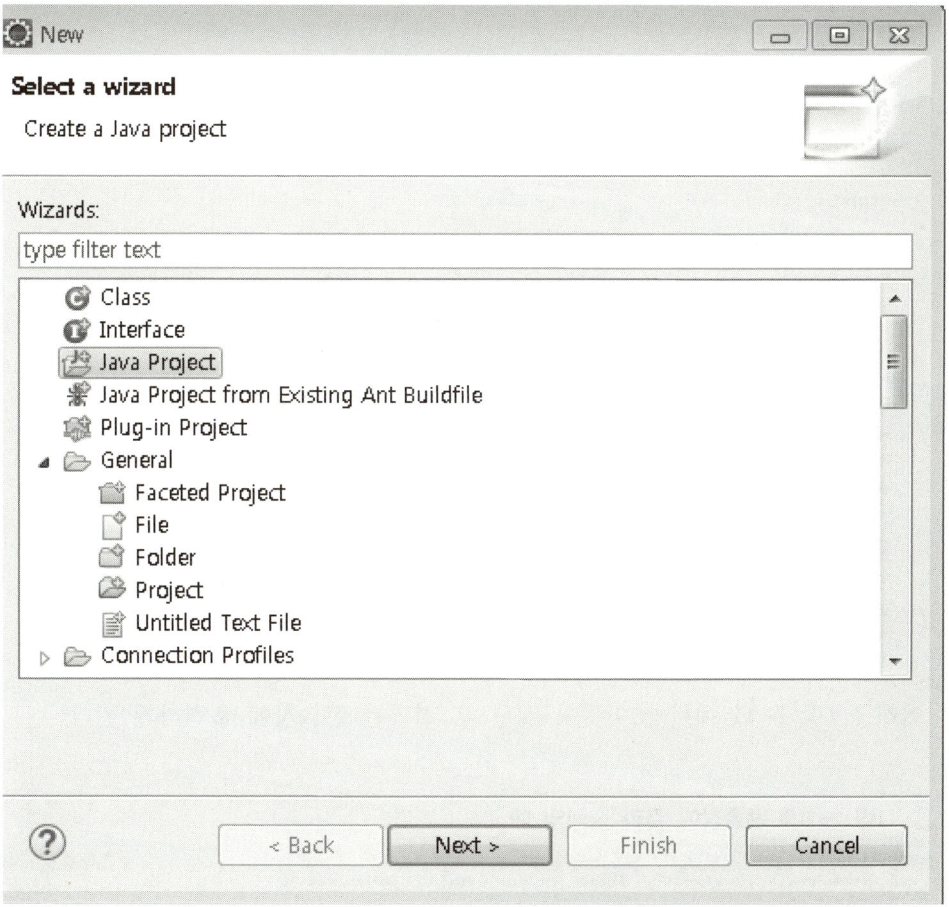

이클립스에서 프로그램을 실행하는 일반적인 방법은 실행하려고 하는 자바 코드를 선정한 후에 마우스의 오른쪽 버튼을 클릭하여 Run As를 선택 후(그림 1-10)

Java Applications을 선택한다.

그림 1-10 | 이클립스 팝업창

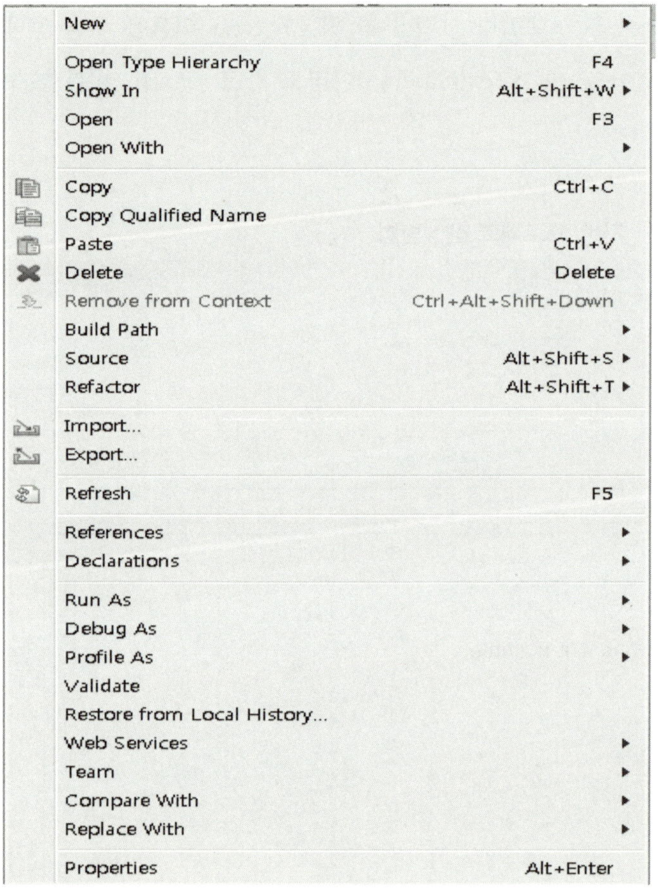

아래 [그림 1-11]에서 보이듯이 실행 후 결과는 콘솔창에 출력하게 된다.

그림 1-11 | 콘솔창에 결과 출력의 예

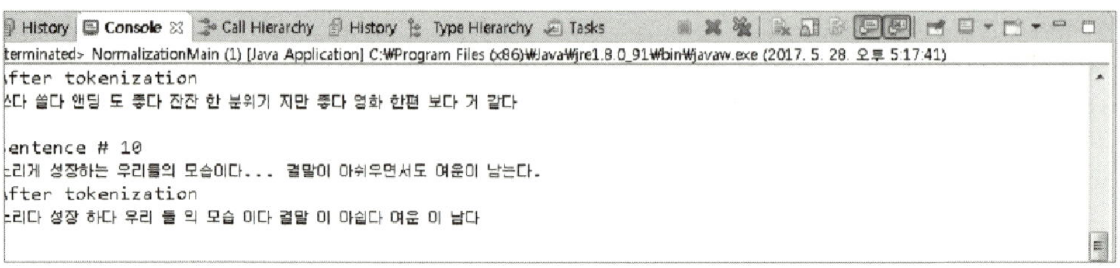

만약에 아래와 같은 메모리 부족 에러가 발생하면(그림 1-12) Run As에서 Run Application을 선택하지 말고 Run Configurations을 선택 후 [그림 1-13]에서와 같이 Arguments 탭을 선택하여 VM Arguments에 -Xmx 옵션을 이용해서 최대 메모리 할당량을 정해준다(예를 들어, 1GB를 할당한다면 -Xmx1000m이라고 한다).

그림 1-12 | 메모리 부족 에러 메시지 예

```
Exception in thread "main" java.lang.OutOfMemoryError: Java heap space
    at sun.reflect.GeneratedMethodAccessor1.invoke(Unknown Source)
    at sun.reflect.DelegatingMethodAccessorImpl.invoke(Unknown Source)
    at java.lang.reflect.Method.invoke(Unknown Source)
    at java.io.ObjectStreamClass.invokeReadObject(Unknown Source)
```

그림 1-13 | 1GB로 최대 메모리 할당

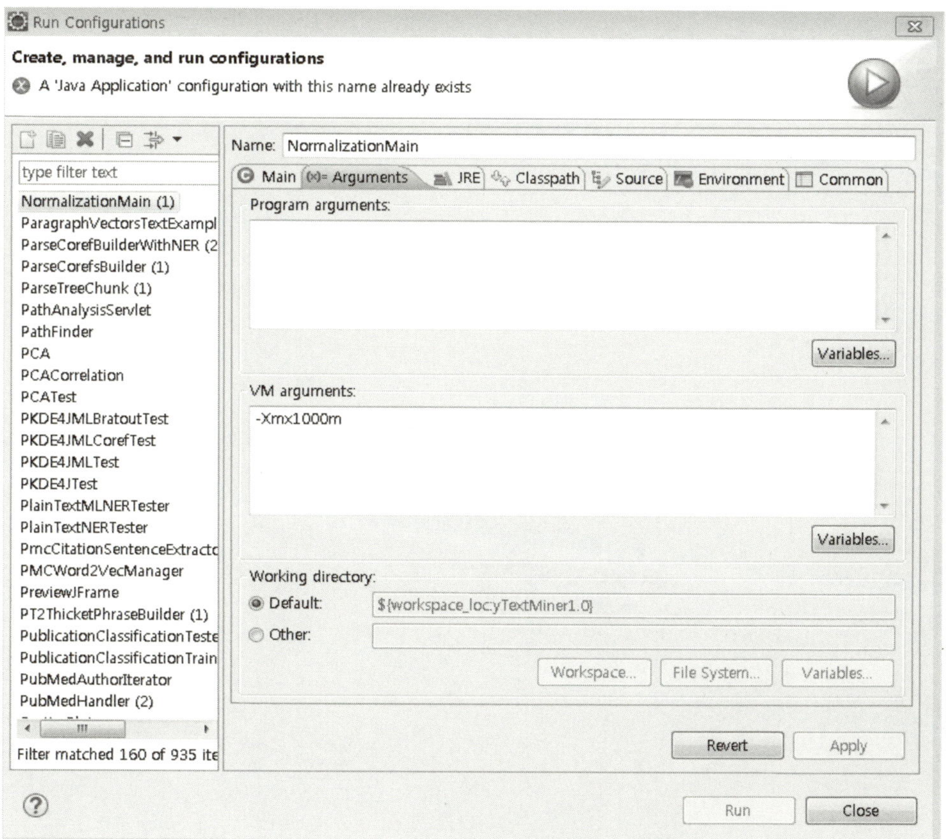

02

Chapter

텍스트 요소 단위별 분석 : 어휘 분석

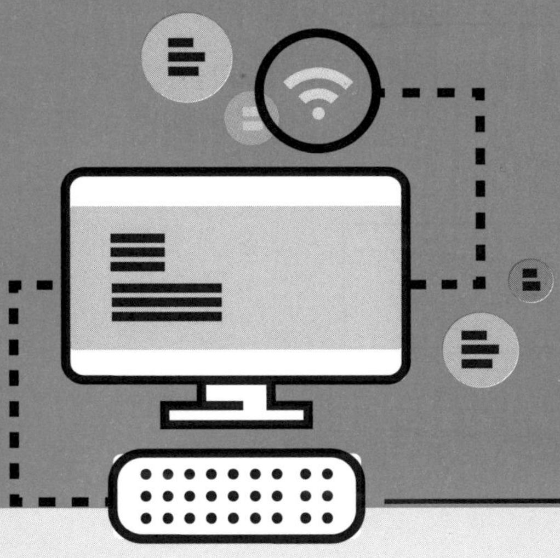

Chapter 02

텍스트 요소 단위별 분석 : 어휘 분석

2.1 문자 수준 텍스트 분석

문자 수준(character level)의 텍스트 분석은 주어진 텍스트 한 글자를 분석 단위 요소로 해서 이루어진다. 문자 수준의 텍스트 분석의 대표적인 예는 문자 기반 언어 모델(language model)과 서픽스 배열(suffix array)이다.

문자 기반 언어 모델은 통계 기반 기법으로 확률분포를 이용해서 m개의 단어를 문자 순열로 표현하고 이에 확률을 부여하는 기법 $P(w_1, \cdots, w_m)$이다.

서픽스 배열이란 일련의 문자열의 접미사를 사전식 순서대로 나열한 배열을 지칭하며 문자열검색이나 전문 검사 정보검색에서 색인 작업이나 텍스트 마이닝의 전처리과정 등에서 쓰인다. 서픽스 배열은 맨버와 마이어스(Manber and Myers, 1991)에 의해서 접미사 트리보다 메모리 소비를 줄이려고 처음 고안되었다. 이런 특징을 살려서 압축 전문 인덱스 등에 사용되어 왔다.

이제 코드를 통해 서픽스 배열을 설명하고자 한다. 예를 들어, 아래와 같이 '오늘 우리에게 주어진 추억의 시간'이라는 텍스트와 각 문자 위치 정보가 있다고 가정하자.

```
오늘 우리에게 주어진 추억의 시간
0123456789012345678
0         1
```

위 박스 안에 0과 1의 의미는 매 열 번째 위치를 순차적으로 표시한 것이다. 이 서픽스들은 해당 스트링(String)의 시작 위치와 함께 표시한다. 서픽스 배열은 정렬된 일련의 서픽스 집합을 의미하고 또한 이런 서픽스들은 각각의 서픽스의 시작 위치로 표현된다([표 2-1] 참조).

표 2-1 출력 결과

Index	Position	Suffix
0	15	시간
1	2	우리에게 주어진 추억의 시간
2	7	주어진 추억의 시간
3	11	추억의 시간
4	17	간
5	6	게 주어진 추억의 시간
6	1	늘 우리에게 주어진 추억의 시간
7	4	리에게 주어진 추억의 시간
8	16	시간
9	9	어진 추억의 시간
10	13	억의 시간
11	5	에게 주어진 추억의 시간
12	0	오늘 우리에게 주어진 추억의 시간
13	3	우리에게 주어진 추억의 시간
14	14	의 시간
15	8	주어진 추억의 시간
16	10	진 추억의 시간
17	12	추억의 시간

이런 서픽스 배열을 LingPipe(www.alias-i.com)라는 자바 기반 텍스트 마이닝 툴을 이용하여 다음과 같이 구현하자. 이 코드는 edu.yonsei.lexical_analysis 패키지에 CharacterSuffixArray 클래스에 구현되었다. 이 클래스는 주어진 텍스트에서 서픽스 배열을 만들고 순차적으로 서픽스들을 추출해서 위치 정보와 함께 서픽스를 출력해 준다(CharacterSuffixArray 클래스의 printSuffixArray함수 참고).

먼저 LingPipe에서 제공하는 CharSuffixArray 클래스를 텍스트를 인수(argument)

로 받는 객체를 생성한다(1). 그 후에 그 텍스트의 서픽스 배열의 길이까지 각각의 서픽스 위치를 스캔한다(2). 각각의 문자에서 서픽스 배열의 위치(3)와 그 위치부터 텍스트의 마지막까지를 추출한다(4).

```
CharSuffixArray csa = new CharSuffixArray(text);  (1)
for (int i = 0; i <csa.suffixArrayLength(); ++i) { (2)
   int pos = csa.suffixArray(i); (3)
   String suffix = csa.suffix(pos,Integer.MAX_VALUE); (4)
```

다음의 코드는 위의 서픽스 배열을 출력한 후에 모든 되풀이되는 하부 스트링들을 추출한다. 먼저 매칭되는 하부 스트링의 길이만큼 for문을 돌려서 하부 스트링을 추출한다(1). 이 for문은 최대 가능한 매치 길이부터 하나씩 줄여나가는 방식을 취한다. for문 안에서 특정한 위치에 있는 서픽스 배열에 대해 prefixMatches라는 CharSuffixArray 클래스에 속한 함수를 부른다. 이 함수는 정수 배열로 표현되는 스팬 리스트를 리턴한다(2). 만약에 사이즈가 0이면 특정한 길이의 반복 하부 스트링이 없다는 뜻이고 for문의 다음 iteration을 시작한다(3). 만약에 매치가 존재한다면 위치 배열을 스캔하고(4) 각각의 위치에 대해 매치 스팬의 시작과 끝 위치를 추출한다(5)와 (6). 그 후 이 매칭 포지션의 시작과 끝을 이용해서(7) 서픽스 배열의 위치 정보를 찾아내고(8) 각각의 매치에 해당하는 스트링을 추출한다(9).

```
for (int len = csa.suffixArrayLength() - 1; len >1; --len) { (1)
     List<int[]> matchSpans = csa.prefixMatches(len); (2)
     if (matchSpans.size() == 0) continue; (3)
     for (int[] matchSpan : matchSpans) { (4)
          int first = matchSpan[0]; (5)
          int last = matchSpan[1]; (6)
          for (int i = first; i <last; ++i) { (7)
               int pos = csa.suffixArray(i); (8)
               String match = csa.suffix(pos,len); (9)
```

```
            System.out.printf("start=%3d   len=%3d   %s\n",
pos, len, match); (10)
```

이렇게 추출된 스트링을 출력한다(10). 이렇게 출력한 예가 [표 2-1] 출력 결과이다.

2.2 단어 수준 텍스트 분석

단어 수준(word level)의 텍스트 분석은 가장 보편적인 방법으로 여겨져 왔고 수많은 기법들이 단어를 기반으로 해서 고안되었다. 많은 자연어 처리(natural language processing) 알고리즘이 단어 수준의 텍스트 분석에 근거한다. 이에 속하는 기법들은 품사 태깅(part-of-speech tagging), 개체명 인식(named entity recognition), 철자 교정(spelling correction) 등이 포함된다. 단어를 식별해 내는 것을 tokenization이라고 한다. 문헌 단위와 글자열이 주어졌을 때 tokenization은 '토큰(token)'들로 문자열을 조각내는 작업이다. 이 작업을 수행할 때 tokenization 방식에 따라 구두점 등 불필요한 글자들은 제외하기도 한다. 아래 tokenization의 한 예를 소개한다.

```
Input: Friends, Romans, Countrymen, lend me your ears;
Output: [Friends] [Romans] [Countrymen] [lend] [me] [your] [ears]
```

Tokenization의 결과로 나온 token들은 단어(term)나 용어(word)로 불리기도 한다. 하지만 엄밀히 얘기하면 Token이란 하나의 유용한 의미적 단위로 함께 모여지는 일련의 문자열이다. Type이란 같은 문자열을 포함하고 있는 모는 token들을 표현하는 클래스이다. Term은 정보검색시스템에서 이용되는 사전 같은 데 포함되는 하나의 type이다. 즉 색인 term은 token과는 전혀 다른 일종의 normalized된 type

으로 표현될 것이다. 영어는 단어에 조사가 붙지 않아 tokenization이 한글보다 쉽다. 먼저 영어 텍스트에 대한 단어 수준 텍스트 분석을 하고 한글 분석은 그 후에 설명하기로 하겠다.

아래의 코드는 edu.yonsei.lexical_analysis 패키지 아래 SimpleTokenizer 클래스의 getTokens함수에 있는 간단한 방법으로 tokenization을 설명하고 있다. 이 클래스는 영어 텍스트 분석을 전제로 하는데 그 이유는 보통 영어 tokenize는 white splace를 단어 분리의 기준으로 하고 있어서 한 단어를 어미 어절로 분리해서 처리할 필요가 없기 때문에 간단한 tokenizer로 단어 구분이 가능하다.

SimpleTokenizer 클래스를 설명하자면 먼저 tokenization을 위해 java.util 패키지에 있는 StringTokenizer 클래스를 생성한다. 이 예제는 tokenize함수에 구현되었다. StringTokenizer 생성 시 2개의 인수(argument)가 필요한데 첫 번째 인수는 입력값(input)이 되는 텍스트이고 두 번째는 token 구별을 위한 구별자가 필요하다(1). 위의 예제 텍스트를 입력값으로 하고 위의 예제와 동일한 결과값(output)을 내기 위해 구별자로 다음의 문자열을 사용하였다 '\t \n \r \f , . : ; ? ! [ ] '' 이 문자열에는 싱글 스페이스( ), 탭(\t), 새로운 라인(\n), 캐리지 리턴(\r), 폼피드(\f), 쉼표(,), 마침표(.), 콜론(:), 세미콜론(;), 물음표(?), 느낌표(!), 왼쪽 브랙킷([), 오른쪽 브랙킷(]), 어퍼스트로피(')가 포함되어 있다. 이 중 어느 것이라도 주어진 텍스트에 존재한다면 그 문자를 중심으로 텍스트를 token화한다. while문을 사용해서 token의 개수만큼 루프(loop)를 돌린다(2). 해당 token을 StringTokenizer의 nextToken함수를 이용해서 가져온다(3). 그런 후 어떤 token들이 존재하는지 콘솔에 출력한다(4).

```
StringTokenizer st = new StringTokenizer(text,delimiter); (1)
while (st.hasMoreTokens()) { (2)
        String token = st.nextToken(); (3)
        System.out.println("Token: " + token); (4)
```

간단한 tokenization방법은 String 클래스의 split이라는 함수를 써서 위와 같은 결과를 출력할 수 있다. split함수는 구별자를 인수(argument)로 받고 token화된 스트링 열을 리턴하는데(1), 이 리턴값을 for문을 이용해 루핑(looping)하고 그 이후의 결과는 위의 코드와 동일하다(tokenizeBySplit함수 참조).

```
String[] tokens = text.split(delimiter); (1)
for (int i = 0; i < tokens.length; ++i) {
      String token = tokens[i];
      token = token.trim();
      System.out.println("Token: " + token);
```

이제 보다 정밀한 tokenization을 위해 LingPipe에서 제공하는 TokenizierFactory를 이용해서 tokenization하고자 한다. 이 코드 예제는 SimpleTotkenizer 클래스에 tokenizeByLingPipe함수에 구현되어 있다. 먼저 TokenizerFactory는 abstract 클래스로 하부 클래스인 RegExTokenizerFactory로 객체를 생성한다. 이때 인수(argument)로 구별자를 받는다(1). 그 후에 Tokenization 클래스를 생성하는데 이 Tokenization 클래스를 token화하는 주기능들이 이루어지는 곳이다. 이 클래스를 생성하는 데 token화 대상이 되는 텍스트와 생성된 TokenizerFactory 객체가 인수(argument)로 들어간다(2). 이렇게 해서 token화된 개수만큼 for문을 돌린다(3). for문 안에서 각 token의 시작 위치(4)와 끝 위치(5)를 찾아낸다. 또한 각 token별 구별자(6)와 해당하는 위치의 token(7)을 찾아낸다. 이후 이런 정보를 콘솔에 출력한다(8).

```
TokenizerFactory tokFact = new RegExTokenizerFactory(delimiter); (1).
Tokenization tokenization = new Tokenization(text,tokFact); (2)
for (int n = 0; n < tokenization.numTokens(); ++n) { (3)
      int start = tokenization.tokenStart(n); (4)
      int end = tokenization.tokenEnd(n); (5)
      String whsp = tokenization.whitespace(n); (6)
      String token = tokenization.token(n); (7)
      System.out.println("Index: " + n + " Start Pos: " + start  (8)
                        + " End Pos: " + end + " Delimiter: " + whsp
                        + " Token: " + token);
```

이제 tokenization을 통해서 token화된 단어들의 빈도수를 계산하는 코드를 설명하고자 한다. edu.yonsei.lexical_analysis 패키지에 WordCountingHandler라는 클래스에 이 코드가 있다. 아래 (1)에서 (3)은 파일을 열어 데이터를 읽어오는 방법이다. 먼저 FileInputStream 클래스를 생성한다. 이때 데이터가 들어 있는 파일 이름을 인수로 받는다(1). 생성된 FileInputStream 객체를 인수로 하는 DataInputStream 클래스를 생성하고(2), 이 객체가 InputStreamReader를 생성하는 데 인수로 쓰이고 이 생성된 InputStreamReader 객체를 BufferedReader를 생성하는 인수로 해서 BufferedReader 객체를 생성한다(3). 파일을 여는 작업이 끝나면 String 하나를 지정해서(4), 파일을 한 라인씩 읽어서 파일의 맨 마지막 라인까지 while문으로 루프(loop)를 돌린다(5). 각 라인은 구별자와 함께 String 클래스 split함수의 입력값(input) 인수로 쓰인다(6). (7)에서 (9)까지는 위에서 tokenization 코드를 설명할 때 이미 설명하였다. token화한 후에 각 token 중 숫자는 문자 이외의 것은 String 클래스의 replaceAll이라는 함수로 모두 제거한다(9). 다음은 token이 불용어인지 아닌지를 체크해서 불용어 리스트에 포함되어 있지 않다면 if 조건문을 실행한다(10). 불용어 제거는 다양한 텍스트 처리 기법에 기본적 루틴으로 사용된다. 영어 불용어 리스트에는 'the', 'a' 등의 관사, 'of', 'in', 'to' 등의 전치사를 포함한다. 정보검색시스템에서도 불용어 리스트는 검색 성능의 향상을 위해 쓰이고 있다(Salton, 1989). 불용어 리스트를 사용하기 위해서 Stopwords라는 클래스를 만들어서 사용하였다. Stopwords를 인터페이스 클래스로 해서 두 개의 서브 클래스를 만들었는데 하나는 StopwordsEnglish이고 다른 하나는 StowordsKorean 클래스이다. 한글 불용어 제거는 StopwordsKorean으로 영어 불용어 제거는 StopwordsEnglish를 사용하면 된다. 어느 클래스든지 Stopwords 클래스를 생성하기 위해서는 불용어 리스트를 포함하는 파일이 있는 폴더를 입력값 인수로 해서 생성해야 한다. 여기서 조건은 이 폴더 안에 stopwords_en.txt 파일과 stopwords_kr.txt파일이 존재해야 한다.

WordCountingHandler 클래스의 constructor를 보면 아래와 같이 Stopwords-English 클래스를 생성해서 stop이라 명한 전역변수(global variable)로 지정했다. 이렇게 전역변수로 지정하면 WordCountingHandler 클래스 어디에서도 생성된 StopwordsEnglish 객체를 쓸 수 있는 이점이 있다.

```
stop = new StopwordsEnglish("./stopwords");
```

stopwords_en.txt에는 약 560개의 영어 불용어 단어가 존재하며 stopwords_kr.txt는 약 500개의 한글 불용어 단어가 존재한다. 이 두 리스트는 각각 StowordsEnglish와 StopwordsKorean 클래스에 사용된다. 불용어 단어 리스트는 별첨에 수록하였다. 참고로 불용어 리스트는 적용 도메인에 따라서 불용어 리스트를 바꿔 사용하면 더 유용할 것이다. 불용어가 아닌 token들은 텍스트에서 출현한 횟수를 계산하기 위해 java.util 패키지에 HashMap을 사용하였다. HashMap은 key와 value을 짝으로 하는 자바 콘테이너(container)이다. HashMap을 WordCountingHandler 클래스의 constructor에서 생성하고 이것을 frequencyMap이라는 전역변수(global variable)로 정하였다. 이후에 텍스트를 분해하면서 token이 frequencyMap의 키로 존재하지 않는다면, 다시 말하면 처음 나오는 token이라면(12) 그 token의 출현 횟수를 1로 정한다(13). 만약에 그 token이 frequencyMap에 존재한다면(14) 그 해당 token의 기존 출현 횟수를 1회 더해 준다(15).

```
Stemmer stem = new PorterStemmer();
FileInputStream fstream = new FileInputStream(file); (1)
// Get the object of DataInputStream
DataInputStream in = new DataInputStream(fstream); (2)
BufferedReader br = new BufferedReader(new InputStreamReader(in));
(3)
String test; (4)

//Read File Line By Line
while ((test = br.readLine()) != null)   { (5)
    String[] tokens = test.split(delimiter) (6)
    while (st.hasMoreTokens()) { (7)
     String word = st.nextToken(); (8)
     word = word.replaceAll("[^\\p{L}\\p{N}]", ""); (9)
```

```
if (!stop.isStopword(word) && !word.equals("")) { (10)
    word = stem.stem(word); (11)
    if (!frequencyMap.containsKey(word)) { (12)
    frequencyMap.put(word, 1); (13)
    } else { (14)
    frequencyMap.put(word, frequencyMap.get(word)+1); (15)
    }
```

만약에 단어의 형태 변화(lexical variations of term)에 따라 같은 단어라도 다른 단어인 것처럼 취급되는 문제를 해결하기 위해서 다음의 두 가지의 방법이 보편적으로 사용된다 : ① 어간 추출(stemming) 알고리즘, ② 원형 복원(lemmatization). 어간추출은 텍스트 마이닝과 정보검색에서 어형이 변형된 단어로부터 접사 등을 제거하고 그 단어의 어간을 분리해 내는 작업을 한다. 어간 추출의 근본적 목적은 어근과 차이가 있더라도 관련이 있는 단어들이 일정하게 동일한 어간으로 매핑되게 하는 것이다. 대표적인 어간 추출 알고리즘은 포터(Martin Porter)가 고안한 Porter 어간 추출 알고리즘이다(Porter, 1980). Porter 어간 추출 알고리즘을 PorterStemmer 클래스에 구현하였다. PorterStemmer 클래스에 stem이라는 함수는 token을 인수(argument)로 받아서 그 token에 대한 어간을 추출해서 리턴한다(11). 예를 들면, 다음의 token들의 — 'argue', 'argued', 'arguing', 'argus' — 어간은 'argu'이고 stem 함수를 'argu'를 리턴하고 이를 frequencyMap에 키로 저장한다(11).

이렇게 나온 결과는 SimpleCountingWordHandler 클래스의 writeToFile함수를 통해서 파일에 각 단어별 단어와 단어의 빈도수를 한 라인씩 출력한다.

단어의 원형 복원은 한 단어 여러 가지 형식으로 표현되어 있는 것을 하나의 단일 형식으로 묶어주는 기법이다(Manning and Schütze, 1999). 원형 복원은 어간 추출의 단점인 단어의 의미적 단위(semantic unit)를 고려하지 않으며, 기계적으로 경험적 법칙(heuristic rules)에 의해 결정되지 않고 자연어 처리 기법의 근간이 되는 형태소 분석을 통해서 하기 때문에 더 정확한 단어 수준 분석을 수행할 수 있다. 영어 텍스트의 경우 Stanford CoreNLP를 이용해서 원형 복원을 했고 Token 클래스에 구현되어 있다. 한글의 원형 복원은 제3장 한글 형태소 분석에서 좀 더 자세히 다루기로 한다.

예를 들어, 〈이상한 나라의 엘리스〉 책 전문을 입력값(input) 파일로 해서 WordCountingHandler를 실행하면 다음과 같은 결과를 얻게 된다. 첫 번째 방법은 전치사나 관사 등의 불용어(stop word)를 제거하지 않고 모든 단어를 카운트하여 빈도수를 추출한 것이며, 두 번째 방법은 불용어 리스트를 참조하여 'the', 'and' 등의 불용어를 제외한 단어들로 빈도 분석을 한 것이다. 첫 번째 방법에 따른 결과를 보면 Zipf의 분석 결과와 같이 단어 'the'의 사용이 가장 많이 나타났으며, 그 뒤로 'and', 'to'였다. 결과를 그래프로 나타낸 것을 보면 'alice' 텍스트 역시 Zipf's Law를 따르는 것을 볼 수 있는데, 빈도 순위가 내려갈수록 빈도수가 기하급수적으로 떨어지는 모습을 볼 수 있다. 불용어를 제거한 두 번째 방법에서 가장 빈도수가 높게 나타난 단어는 'Said', 'Alice'였고, 그 뒤로 'know', 'little', 'like'였다. 두 번째 방법 역시 그래프를 보면 Zipf's Law를 따르는 것을 발견할 수 있는데, 의미를 가진 단어들 중에서도 텍스트에 사용되는 단어는 소수에 불과하며 다른 대부분의 단어들은 비슷하게 적은 횟수로 쓰인다는 것을 확인할 수 있었다. 실제로 높은 빈도수를 기록한 단어는 실생활에서 자주 이용되는 기본적인 단어였으며, 'elbow' 'uniform' 등의 특정한 단어는 단 한 번의 빈도수를 보였다.

그림 2-1 | 불용어 포함 단어들의 Zipf's law 분포도

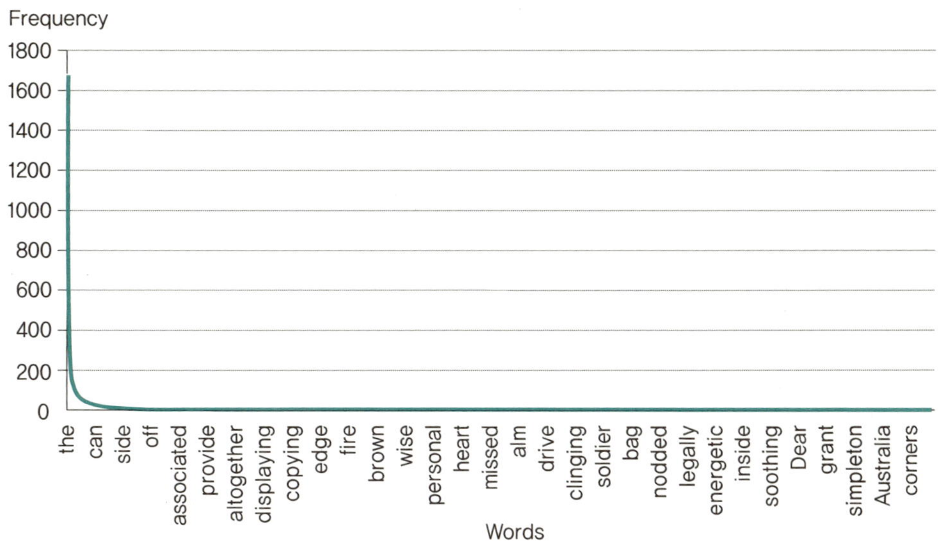

그림 2-2 ▌불용어 제거한 단어들의 Zipf's law 분포도

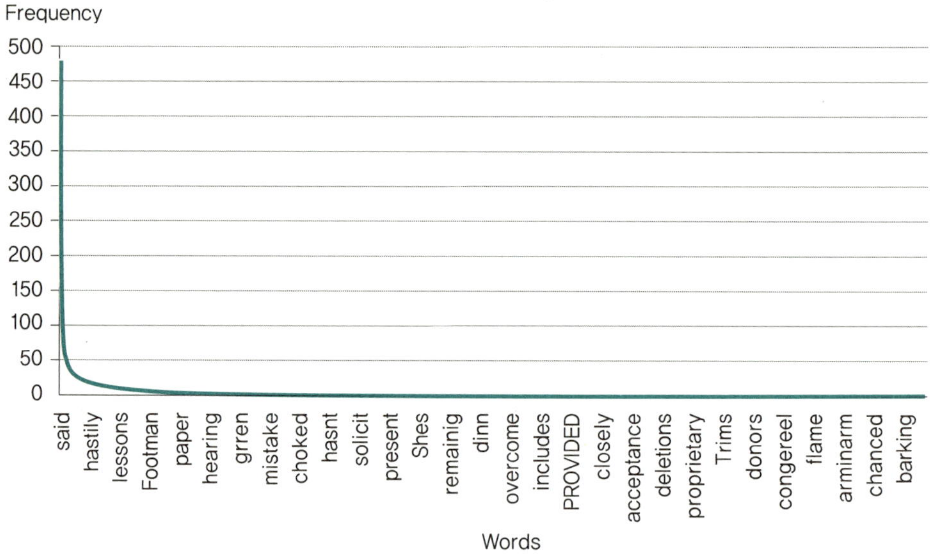

2.3 Part-Of-Speech(POS) 태깅

품사 태깅은 문장에서 각각의 단어를 해당하는 품사로 레이블링하는 작업을 의미한다. 다시 말하면 하나의 단어가 여러 품사를 갖는 모호성을 가질 수 있으며 이러한 품사의 모호성을 해소하는 과정을 품사 태깅(part-of-speech tagging)이라고 하는 것이다(Kroeger, 2005). 이를 통해서 문장에 사용된 형태소들의 품사를 파악하고 문장의 구조를 파악할 수 있다.

자연언어 처리는 대상언어의 특성에 따라서 분석하는 방법이 상당히 달라진다. 형태소 분석의 경우 고립어에 속하는 영어는 공백 단위로 구분한 토큰을 자르면 쉽게 형태소를 구분할 수 있지만, 굴절어에 속하는 한국어는 1개 이상의 형태소가 어절을 이루고, 이들 형태소들은 서로 다른 형태소에 대한 영향력을 가지고 있어 형태소 구분방법이 보다 복잡하다(신중호 외, 1994). 품사 태깅 기법은 크게 규칙 기반

(Rule-based)와 기계학습 기반(Machine learning-based)으로 나뉜다. 한국어 형태소 분석기는 한국어 텍스트를 입력으로 하고 그것을 형태소 단위로 분석하여 이를 품사와 함께 출력해주는 소프트웨어이다. 형태소 분석을 거쳐 태깅된 데이터는 한국어 자연언어 처리에서 기초적이면서도 중요한 역할을 한다.

영어의 품사 태그는 크게 클로즈드 클래스와 오픈 클래스 두 개의 범주로 나눌 수 있다. 클로즈드 클래스는 오픈 클래스에 비해 상대적으로 고정된 품사들이 속한다. 예를 들어, 전치사의 경우 영어에서 새로운 전치사가 만들어지기는 극히 드물기 때문에 클로즈드 클래스에 속한다. of, it, and와 같은 기능어들도 클로즈드 클래스에 속한다. 반면에 명사나 동사는 오픈 클래스 범주에 속한다. 왜냐하면 명사나 동사는 끊임없이 다른 언어에서 외래어가 들어오거나 신조어들이 만들어지기 때문이다.

품사 리스트

다양한 품사 태깅 기법을 만들기 위해서는 품사 태깅을 위한 태그 세트가 필요하다. 영어의 품사 태깅에 사용되는 몇 가지 품사 태그 세트가 있는데 이들 중 대부분은 87개의 태그 세트로 구성된 Brown 코퍼스에서 발전되었다. Brown 코퍼스는 브라운대학에서 1963년과 1964년 사이에 만들어진 코퍼스로서 신문기사, 소설, 논픽션 등 다양한 장르에서 나온 500개의 텍스트로부터 1백만 단어로 구성되어 있다(Francis and Kucera, 1982).

Brown 태그 세트 이외에 Penn Treebank 태그 세트(표 2-2)와 C5 태그 세트가 일반적으로 사용된다. Penn Treebank 태그 세트는 45개의 태그로 이루어졌고(Marcus et al., 1993) C5 태그 세트는 61개의 태그로 이루어졌으며 British National 코퍼스를 이용하여 만들어졌다(Garside et al., 1997).

표 2-2 Penn Tree 프로젝트에 쓰이는 품사 태그 리스트

Number	Tag	Description
1.	CC	Coordinating conjunction
2.	CD	Cardinal number
3.	DT	Determiner

4.	EX	Existential *there*
5.	FW	Foreign word
6.	IN	Preposition or subordinating conjunction
7.	JJ	Adjective
8.	JJR	Adjective, comparative
9.	JJS	Adjective, superlative
10.	LS	List item marker
11.	MD	Modal
12.	NN	Noun, singular or mass
13.	NNS	Noun, plural
14.	NNP	Proper noun, singular
15.	NNPS	Proper noun, plural
16.	PDT	Predeterminer
17.	POS	Possessive ending
18.	PRP	Personal pronoun
19.	PRP$	Possessive pronoun
20.	RB	Adverb
21.	RBR	Adverb, comparative
22.	RBS	Adverb, superlative
23.	RP	Particle
24.	SYM	Symbol
25.	TO	*to*
26.	UH	Interjection
27.	VB	Verb, base form
28.	VBD	Verb, past tense
29.	VBG	Verb, gerund or present participle
30.	VBN	Verb, past participle
31.	VBP	Verb, non-3rd person singular present
32.	VBZ	Verb, 3rd person singular present
33.	WDT	Wh-determiner
34.	WP	Wh-pronoun
35.	WP$	Possessive wh-pronoun
36.	WRB	Wh-adverb

Penn Treebank 태그 세트를 Brown 코퍼스에 적용해서 문장을 품사 태깅한 예제는 아래와 같다. 슬래시를 기준으로 왼쪽이 문장에 나타난 단어이고 오른쪽이 그 단어의 품사이다.

```
Although/IN preliminary/JJ findings/NNS were/VBD reported/VBN more/
RBR than/IN a/DT year/NN ago/IN ,/, the/DT latest/JJS results/
NNS appear/VBP in/IN today/NN 's/POS New/NNP England/NNP Journal/
NNP of/IN Medicine/NNP ,/,
```

대부분의 품사 태깅 기법은 크게 규칙 기반 기법과 Stochastic 기법으로 나뉜다. 규칙 기반 기법은 일반적으로 수작업으로 만든 품사 태깅 규칙들로 이루어진 데이터베이스에 의존한다. 이에 반해 Stochastic 기법은 주어진 문맥에서 한 단어가 가질 수 있는 품사의 확률을 계산하기 위해 만들어진 학습 코퍼스를 사용해서 태그의 모호성을 해소한다.

규칙 기반 기법

규칙 기반 품사 태깅은 두 단계로 이루어진다. 첫 번째 단계는 사전을 사용해서 각각의 단어에 그 단어가 가질 수 있는 가능한 품사 리스트를 부여한다. 두 번째 단계는 수작업으로 만든 대량의 규칙을 이용해서 이 품사 리스트에서 해당 단어에 맞는 하나의 품사를 선택하는 과정을 거친다. 가장 광범위한 규칙 기반 기법 중 하나가 Constraint Grammar이다(Karlsson et al., 1995).

이때 필요한 사전은 10만 이상의 단어와 그 태그로 구성된 대용량 사전이다. 예를 들면 첫 단계에서 "she promised to back the bill."이라는 문장은 아래와 같이 각 단어에 대해 가능한 태그를 사전에서 찾아내서 정렬한다.

```
she:      PRP
promised: VBD, VBN
to:       TO
back:     JJ, NN, RB, VB
```

```
the:       DT
bill:      NN, VB
```

두 번째 단계에서 사전에 마련한 규칙들을 적용해서 규칙에 맞지 않는 태그들은 삭제한다. 규칙 중의 하나에 VBN과 VBD가 '〈start〉 PRP'를 따르는 경우 VBD가 선택사항이라면 VBN을 삭제한다. 이렇게 된다면 위의 예문에서 VBN은 삭제가 된다. 이런 식으로 모든 규칙이 적용되면 아래의 최종 태그가 남게 된다.

```
she:       PRP
promised:  VBD
to:        TO
back:      RB
the:       DT
bill:      NN
```

Stochastic 기반 기법

이 방식은 각각의 단어의 품사 결정을 해당 단어의 학습 데이터에서 가장 일반적인 품사로 한다. 영어의 경우 90% 이상의 정확도를 보이지만 단점은 태깅을 단어에 의존하기 때문에 문맥을 고려해야 가능한 품사 태그열에는 낮은 정확도를 보인다.

발과 머서(Bahl and Mercer, 1976)가 고안한 Viterbi 디코딩을 이용한 확률 기반 태깅 기법이 나온 이후 1980년대에 다양한 stochastic 태깅방법들이 소개되었다(Marshall, 1983; Church, 1988). Stochastic 기반 기법 중 가장 일반적인 방법은 히든 마르코프 모델(Hidden Markov Model : HMM) 기반 태깅방법이다. HMM을 이용해서 태깅을 하는 방법은 일종의 Bayesian 추론이라고 볼 수 있다. 예를 들어 설명하자면 "she promised to back the bill"이라는 문장을 HMM을 이용해서 품사 태깅하려고 할 때 Bayesian 추론은 모든 가능한 태그 순열을 고려하는 것에서 시작한다. 즉 모든 가능한 태그 순열 중에서 문헌집단 내에서 주어진 n의 단어들의 순열(observation sequence) w_1^n에서 가장 가능성이 있는 태그열을 찾는 것이다. 다시

말하면 n 태그의 모든 가능한 집합 t_1^n에서 하나의 단일 태그열의 확률이 가장 높은 $P(t_1^n|w_1^n)$ 태그열을 찾는 것이다.

이것을 햇 기호(hat notation) ^을 사용해서 올바른 태그열을 찾는 함수 공식은 다음과 같다.

$$\breve{t_1^n} = \frac{\mathrm{arg}max P(t_1^n|w_1^n)}{t_1^n} \tag{1}$$

함수 argmax f(x)는 f(x)가 극대화되는 x를 의미한다. 이것을 Bayesian 분류 기법의 관점에서 보면 위의 공식을 Bayes 규칙을 사용해서 연산하기 쉬운 일련의 확률로 바꾸는 작업이 필요하다. 즉 간단한 조건 확률 $P(x|y)$을 3개의 다른 확률로 세분화하는 작업이다.

$$P(x|y) = \frac{P(y|x)P(x)}{P(y)} \tag{2}$$

(2)의 공식을 (1)에 대입하면 아래의 공식으로 변환된다.

$$\breve{t_1^n} = \mathrm{arg}max \frac{P(w_1^n|t_1^n)P(t_1^n)}{P(w_1^n)} \tag{3}$$

공식 (3)에서 편의상 분모를 제외할 수 있는데 그 이유는 분모인 $P(w_1^n)$는 모든 태그열에 공통으로 적용되는 변하지 않는 동일한 단어열의 확률값이기 때문이다.

$$\breve{t_1^n} = \mathrm{arg}max P(w_1^n|t_1^n)P(t_1^n) \tag{4}$$

위의 공식을 사용해서 HMM 기반 품사 태깅 기법을 개발하는 데는 연산에 있어서 여전히 어려움이 존재한다. 이를 해결하는 방법으로 2가지의 가정을 적용해서 공식을 단순화하게 된다. 첫 번째 가정은 한 텍스트에서 나타날 수 있는 한 단어의 확률은 오로지 그 단어의 품사 태그에 의존한다는 것이다. 즉 그 단어의 주변 단어들과 다른 주변 태그와는 무관하다는 것이다. 이를 공식으로 표현하면 다음과 같다.

$$P(w_1^n|t_1^n) \approx \prod_{i=1}^{n} P(w_i|t_i) \tag{5}$$

두 번째 가정은 한 태그의 확률은 오로지 문장에서의 그 이전 태그에 의존한다.

$$P(t_1^n) \approx \prod_{i=1}^{n} P(t_i|t_{i-1}) \tag{6}$$

공식 (5)와 (6)을 (4)에 대입해 보면 아래의 공식을 도출할 수 있고 이를 통해 HMM 기법은 가장 가능성이 있는 태그열을 추론하게 된다.

$$\breve{t}_1^n = \mathrm{arg}max P(t_1^n|w_1^n) \approx \mathrm{arg}max \prod_{i=1}^{n} P(w_i|t_i) P(t_i|t_{i-1}) \tag{7}$$

HMM 기반 품사 태깅 기법을 그래픽 표현으로 설명하자면 [그림 2-3]과 같다.

이 그래픽 표현은 한 문장에서 시작점에서부터 마지막 점까지 단어열로 표현되어 있고 각각의 단어가 가질 수 있는 태그의 확률을 그래프로 표현한 것이다. 예를 들어, “He is the king.”이라는 문장이 있을 때 각 단어가 대명사에서 동사로, 관사로 그리고 명사의 순서일 확률은 다음과 같다.

```
P(PropNoun->Verb->Det->Noun) = 0.4*0.8*0.25*0.95*0.1=0.0076
```

그림 2-3 | HMM을 이용한 단어 Sequence 기반 품사 태깅

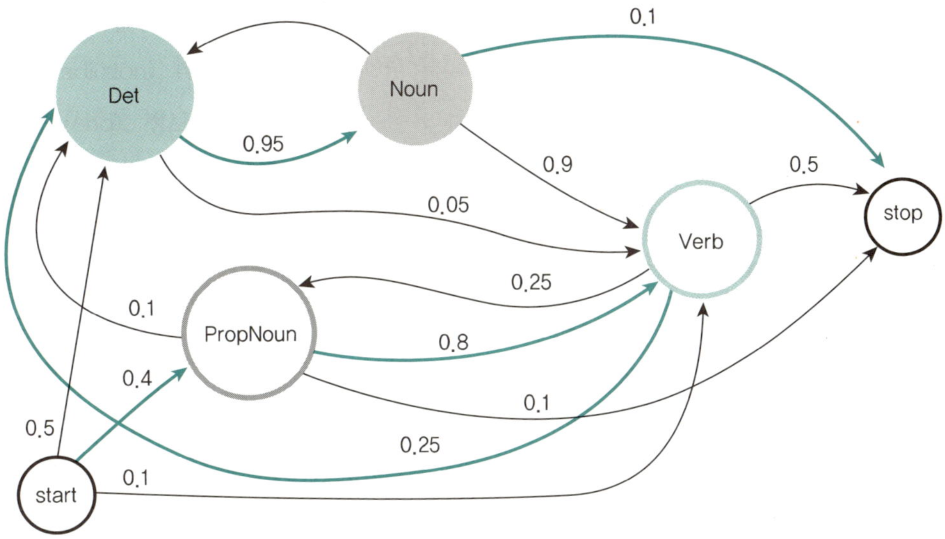

이제 품사 태깅을 Apache OpenNLP Tagger를 이용해서 설명하도록 한다. Stanford POS Tagger는 maximum entropy 기반 품사 태깅 기법으로 maximum entropy방법을 사용해서 태그된 텍스트로부터 로그선형 조건부 확률 모델(log-linear conditional probabilistic model)을 학습하는 기법이다(toutanova and Manning, 2000). 코드 예제는 edu.yonsei.lexical_analysis 패키지에 POSTagger 클래스의 parse함수에 구현되어 있다. POSTagger의 parse함수는 두 개의 큰 임무로 나뉘어 있는데 첫째는 입력값(input) 텍스트를 tokenize하는 것이고(1)~(4), 두 번째는 토큰화된 텍스트를 품사 태깅하는 것이다(5)~(8). tokenization을 위해서 OpenNLP가 생성한 토큰 모델을 읽어 들인다(1). 이 모델은 models라는 폴더에 위치한 en-token.bin이란 모델이다. 읽어 들인 모델 파일은 TokenizerModel이라는 객체를 생성하는 데 쓰이고(2) 이 객체를 매개로 해서 Tokenizer 객체를 생성한다(3). Tokenizer 클래스에 tokenize라는 함수는 입력값(input) 문장을 인수(argument)로 받아서 토큰을 추출한다(4).

두 번째 임무는 첫 번째와 마찬가지로 품사 태깅 모델 파일을 읽어 들이는 것으로 시작한다. 품사 태깅 모델은 models 폴더에 위치하며 그 파일 이름은 en-pos-maxent.bin이다. 이 파일을 POSTModelLoader 클래스의 load라는 함수로 읽어서

POSModel을 생성한다(5). 생성된 POSModel 객체는 POSTaggerME 객체를 생성하는 argument로 POSTaggerME라는 객체를 생성하게 되고 품사 태깅의 준비단계는 끝나게 된다(6). POSTaggerME 클래스의 tag함수에 첫 번째 임무에서 생성된 토큰열을 argument로 하면 각 단어 토큰에 대한 품사열이 리턴된다(7). 이 품사열을 토큰열과 함께 콘솔에 출력한다(8).

```
public void parse(String sentence)
{
    InputStream modelIn = null;
    String[] tokens = null;
    try {
     InputStream is = new FileInputStream("./models/en-token.bin");
     (1)
     TokenizerModel model = new TokenizerModel(is); (2)
     Tokenizer tokenizer = new TokenizerME(model); (3)
     tokens = tokenizer.tokenize(sentence); (4)

     // Loading pos model
     POSModel posModel = new POSModelLoader().load(new
     File("./models/en-pos-maxent.bin")); (5)
     posTagger = new POSTaggerME(posModel); (6)

   } catch (final IOException ioe) {
     ioe.printStackTrace();
   } finally {
     if (modelIn != null) {
       try {
         modelIn.close();
       } catch (final IOException e) {}
      }
```

```
    }
}

String[] tags = posTagger.tag(tokens); (7)
for (int i = 0; i < tokens.length; ++i) {
    System.out.print(tokens[i] + "/" + tags[i] + " "); (8)
}
```

"She wants to go back to school."이라는 텍스트 문장을 입력값(input)으로 하여 POSTagger를 실행하면 다음과 같은 결과가 출력된다.

```
She/PRP wants/VBZ to/TO go/VB back/RB to/TO school/NN
```

2.4 구 수준 텍스트 분석

문자 수준의 텍스트 분석에서도 언급한 바와 같이 n-gram은 주어진 텍스트나 음성의 연속된 일련의 열이다. n-gram의 대상이 되는 것은 음성 분야에서는 phonemes나 syllables이고 텍스트에서는 문자나 단어가 될 수 있다(Dunning, 1994). 사이즈 1의 n-gram을 uni-gram으로 부르고 사이즈 2는 bi-gram으로 부르고 사이즈 3은 tri-gram으로 부른다.

n-gram 모델은 자연어 처리에서 n-gram이 갖고 있는 통계적 특성을 사용해서 문자나 음성열을 모델링한다. 즉 한 텍스트 코퍼스에서 n사이즈 일련 문자열이 주어졌을 때 다음 글자나 단어가 무엇일지 예측할 수 있는 확률분포를 도출할 수 있다. 이런 n-gram 모델의 특성은 언어 모델링에 쓰일 때 적합하며 각각의 단어가 단지 이전 n-1 단어들에만 의존한다는 단어들의 독립성 가정에 기초한다. 확률 모형으로 설명한다면 다음과 같이 표현할 수 있다.

$$P(w_i|w_{i-(n-1),\ldots}w_{i-1})$$

이런 가정은 마르코프 모델의 가정이며 실제 존재하는 언어의 근사성(approximation)으로 사용된다. 이런 가정이 중요한 이유는 데이터로부터 언어 모델을 습득하는 문제를 단순화시킬 수 있기 때문이다. 또한 언어가 갖고 있는 개방적 성격에 기인하여 언어 모델이 습득하지 못한 단어군이 존재하고 이런 단어들을 함께 모아주는 것이 필요하다. 단순한 n-gram 언어 모델에서는 일렬로 배열된 단어열에서 이전에 나타난 단어의 수를 조건으로 하는 한 단어의 확률은 다항분포(multinomial distribution)로 설명될 수 있다. 다항분포는 차원이 2인 경우 이항분포를 포함하는 광범위한 개념으로 여러 개의 값을 가질 수 있는 독립 확률변수들에 대한 확률분포이다. 주사위를 던져서 나오는 경우의 수와 같이 여러 번의 독립적 시행에서 각각의 값이 특정 횟수가 나타날 확률을 정의한다.

실제적으로 확률분포는 이전에 나타나지 않았던 단어들이나 n-gram들에 대해 non-zero 확률을 부여함으로써 smooth시킨다.

단어 기반 n-gram tokenization는 edu.yonsei.lexical_analysis 패키지에 NGramWordAnalyzer 클래스에 구현되어 있다. 그 일부분이 아래 코드인데 이 코드는 getNGramWords함수로 java.io 패키지의 StringReader를 인수(argument)로 받는다. 코드를 설명하자면 제일 먼저 아파치 루씬(Apapche Lucene)의 SimpleAnalyzer를 생성한다(1). 루씬에서 SimpleAnalyzer는 단어의 경계를 구분 짓는 Tokenizer와 같은 역할을 한다. 텍스트를 소문자화하는 루씬 클래스인 LowerCaseFilter를 통해서 문자를 변형하는 루씬 클래스인 LetterTokenizer이 SimpleAnalyzer로 구현될 수 있다. 또한 언어와 목적에 따라 다양한 tokenization 방법이 요구되는데 이때에는 SimpleAnalyzer를 확장해서 쓸 수 있다. 생성된 SimpleAnalyzer 객체는 ShingleAnalyzerWrapper 클래스 생성을 위한 입력값(input) 인수(argument)가 되고 이외에 최소 n-gram 사이즈와 최대 n-gram 사이즈의 두 개의 입력값 인수가 필요하다 이와 함께 토큰을 구분하는 구분자(이 경우 whitespace), 단일 단어를 출력할지 여부와 주어진 텍스트에서 조건에 맞는 ngram이 발견되지 않았을 경우 단일 단어를 출력할지 여부도 인수(argument)로 받아 ngram 분석에 사용한다(2). Shingle-

AnalyzerWrapper 클래스의 tokenStream함수는 두 개의 인수가 필요한데 하나는 필드 이름이고 또 하나는 java.io 패키지의 Reader 클래스이다(3). 이 함수는 TokenStream 객체를 리턴한다. 우리의 예에서는 아래와 같이 한 문장 정도의 텍스트를 String으로 받고 이 String을 인수로 해서 StringReader 객체를 생성한다(4). 참고로 TokenStream은 token열을 열거하는 일을 하는 클래스이다. 이후에 TokenStream을 CharTermAttribute로 변환하는 작업을 한다(5). CharTermAttribute 클래스는 하나의 token을 스트링 텍스트로 표현하는 클래스이다. TokenStream의 token 개수만큼 while문을 돌려서(6) 각각의 n-gram token을 CharTermAttribute을 이용해서 콘솔에 출력한다(7).

```
// Parse the input into n-gram tokens
WhitespaceAnalyzer simpleAnalyzer = new
WhitespaceAnalyzer(Version.LUCENE_42); (1)
boolean outputUnigrams = true;
boolean outputUnigramsIfNoShingles = true;
ShingleAnalyzerWrapper shingleAnalyzer = new
ShingleAnalyzerWrapper (simpleAnalyzer, min, max, " ",
outputUnigrams, outputUnigramsIfNoShingles); (2)

StringReader reader = new StringReader(text); (3)
TokenStream stream = shingleAnalyzer.tokenStream("contents",
reader); (4)
CharTermAttribute charTermAttribute = stream.getAttribute
(CharTermAttribute.class); (5)
stream.reset();
while (stream.incrementToken()) (6)
{
   System.out.print(charTermAttribute.toString() +"|");    (7)
```

이전 예제에서 사용한 문장 "Friends, Romans, Countrymen, lend me your ears"

를 입력값(input)으로 해서 NGramWordAnalyzer를 실행한 결과는 아래와 같다.

friends|friends romans|friends romans countrymen|romans|romans countrymen|romans countrymen lend|countrymen|countrymen lend|countrymen lend me|lend|lend me|lend me your|me|me your|me your ears|your|your ears|ears

만일 다음과 같은 한글 문장을 입력값으로 사용한다면 "오늘의 서울 날씨는 매우 덥고 습하다." 결과는 아래와 같다.

오늘의|오늘의 서울|오늘의 서울 날씨는|서울|서울 날씨는|서울 날씨는 매우|날씨는|날씨는 매우|날씨는 매우 덥고|매우|매우 덥고|매우 덥고 습하다|덥고|덥고 습하다|습하다

구 수준(phrase-level)에서 텍스트 분석은 n-gram을 통한 방법 이외에 Text Chunking 기법을 통해 이루어지고 또한 핵심구 추출(keyphrase extraction) 기법을 통해서도 가능하다. 이러한 방법들은 다음 단원에서 소개하도록 한다.

2.5 Text Chunking

Text chunking은 텍스트를 어휘적으로 상호 관련 있는 단어들로 나누는 자연어 처리의 한 기법이다(Ramshaw and Marcus, 1995). 예를 들어, "We chased a colorful bird."란 문장은 text chunking방법을 이용해서 다음과 같이 나뉠 수 있다.

그림 2-4 | Text chunking 예시

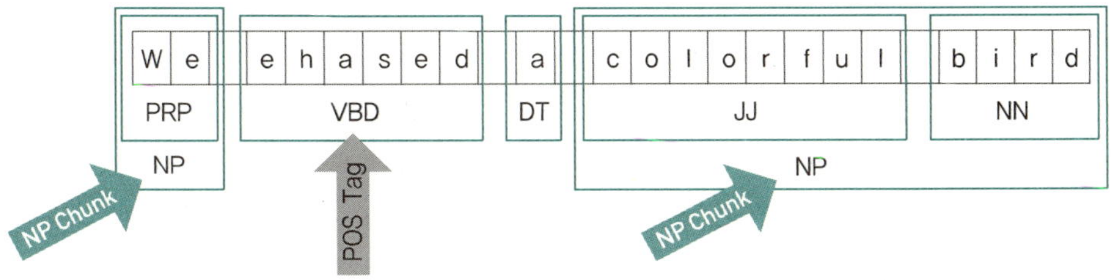

초기의 text chunking 연구에서 애브니(Abney, 1991)는 상호 관련된 단어들의 집합을 찾는 것을 통해서 문장을 파싱하는 방법을 제시했다. 램쇼와 마커스(Ramshaw and Marcus)는 기계학습을 통해 text chunking하는 방법을 제안했는데 그들의 연구는 명사구 chunking과 관련된 많은 후속연구에 영향을 주었다(Buchholz et al., 1999; Ratnaparkhi, 1998). Text chunking은 정보 추출(information extraction) 분야에 속하는 핵심어구 추출(keyphrase extraction), 개체명 인식(named entity recognition), 관계 추출(relation extraction) 등 다양한 연구영역들의 자질 선정에 도움을 준다.

Text chunking 중 가장 연구가 많이 된 것은 명사구 chunk(NP chunk)이다. 명사구 chunk는 근간이 되는 명사구이며 다른 명사구 chunk를 포함하고 있지 않은 개개의 명사절을 의미한다. 예를 들면, "We chased a colorful bird."라는 문장에는 밑줄 친 2개의 명사구 chunk가 존재한다.

Text chunking을 수행하는 데 있어서 일반적으로 2가지 방법으로 텍스트를 표현한다. 첫 번째는 텍스트를 나무 구조로 표현하는 것이고, 두 번째는 텍스트를 태그로 표현하는 방법이다. 트리 구조는 아래 예를 보면 각각의 단어에 품사 태깅을 하고 그것을 바탕으로 text chunking을 한다. 이런 방법은 full parsing을 위한 전조 단계이다.

두 번째 방법은 태그방법인데 개체명 인식 기법의 학습 코퍼스의 일반적인 포맷이다. 태그는 IOB 또는 BIO방식을 취하는데 IOB방식은 I는 구에서 첫 번째 이외의 단어가 I이고 B는 첫 번째 단어를 의미한다. O는 해당 chunk 밖에 있는 단어를 의미한다.

그림 2-5 | 문장의 나무 구조를 이용한 text chunking 예

■ Trees

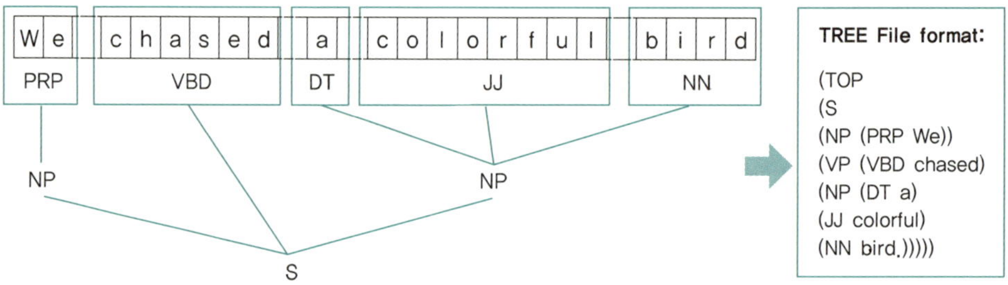

이 책에서는 아파치 OpenNLP를 이용해서 text chunking을 수행한다. OpenNLP는 텍스트를 트리 구조로 text chunking을 한다.

Text chunking에는 크게 두 가지 기법으로 나누는데 첫 번째는 정규식 표현(regular expression)을 통해서 text chunking을 하는 방법이고(Bird, 2006), 두 번째 방법은 기계학습을 통해서 이루어진다(Ramshaw and Marcus, 1995).

그림 2-6 | IOB 형식의 text chunking 예

■ Tags

- IOB tags(I–inside, O–outside, B–begin)
- Label O for tokens outside a chunk

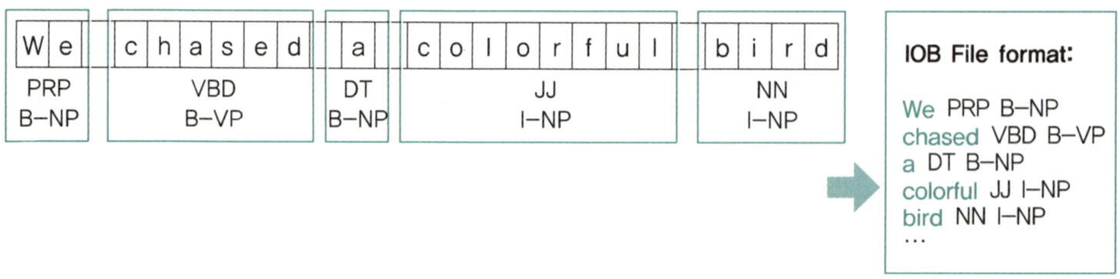

Chunk 타입은 2000년에 개최된 Conference on Computational Natural Language Learning(CoNLL–2000)에서 주관한 ConLL–2000 shared task에서 규정되었다. chunk 타입은 다음과 같다.

| 표 2-3 | Chunk 타입 리스트

Chunk type	Description
ADJP	adjectival phrase
ADVP	adverbial phrase
CONJP	conjunction phrase
INTJ	interjection
LST	list marker
NP	noun phrase
PP	prepositional phrase
PRT	particle
SBAR	relative or subordinate clause
UCP	unlike coordinated phrase
VP	verb phrase

아래 코드는 주어진 영어 문장에서 명사구를 추출하는 예제이며 edu.yonsei.lexical_analysis에 TextChunker 클래스의 chunk라는 함수의 일부분이다. 예제를 위해 OpenNLP(http://opennlp.apache.org) 자연어 처리 오픈 소스의 텍스트 처리 API를 사용하였다. OpenNLP는 영어 품사 태깅, 문장 구분, 개체명 인식, 텍스트 chunking 등 다양한 자연어 처리 기법을 제공하는 자바 기반 오픈 소스 라이브러리이다.

이 예제에서 (1)과 (2) 코드는 이미 생성된 chunking 모델을 컴퓨터 메모리로 불러 읽어 들이는 과정을 설명하고 있다. 모델이 파일에 저장되어 있기 때문에 java.io의 FileInputStream 클래스를 통해서 OpenNLP에서 제공하는 en-parser-chunking.bin을 읽어 들인다. FileInputStream은 InputStream의 서브클래스이다. en-parser-chunking.bin 파일은 이 책과 함께 제공되는 텍스트 마이닝 패키지 안에 models라는 폴더에 위치해 있다. 생성된 FilInputStream 객체를 입력값(input) 인수(argument)로 해서 OpenNLP의 ParserModel 클래스를 생성한다(3). 이후에 ParserModel을 가지고 위에서 언급한 텍스트 chunking 구조 중 트리 구조를 이용해서 텍스트 파싱을 위한 Parser 클래스를 생성한다(4). 파싱을 위한 사전 준비는 끝났고 이제 주어진 문장을 파싱하는 차례만 남았는데 이를 수행하기 위해

ParserTool의 parseLine이라는 함수를 사용한다. parseLine함수는 static함수로 지정되었기 때문에 ParserTool을 생성할 필요가 없다. parseLine함수를 사용하기 위해서는 3개의 인수가 필요한데 첫 번째는 입력값이 되는 문장이고 두 번째는 Parser 클래스, 세 번째는 문장 파싱의 반복을 몇 번을 하는지의 횟수이다. 대부분의 경우 반복해도 같은 결과가 나오기 때문에 횟수를 1로 하고 반복하지 않는다(5). parseLine함수는 파싱된 구들의 열을 결과값으로 리턴하는데 이 결과값을 for문을 써서 각각의 파싱구를 추출해서(6) getNounPhrases라는 함수를 호출해서 명사구만 추출한다(7). getNounPhrases 함수는 다층으로 이루어진 파싱 트리를 반복적으로 호출해서 파싱된 구의 타입이 명사구이면(1) nounPhrases라는 자바 리스트 클래스에 첨가하고(2), 아니면 파싱된 구의 자식구들을 탐색해서(3) 명사구인지를 확인하는 작업을 반복적으로 시행한다(4). 주어진 문장에서 명사구를 탐색하는 작업이 끝난 후에 명사구 리스트를 for문을 통해(8) 각각의 명사구를 콘솔에 출력한다(9).

```
InputStream modelInParse = null (1)
try {
  //load chunking model
  modelInParse = new
FileInputStream("models/en-parser-chunking.bin"); (2)

  ParserModel model = new ParserModel(modelInParse); (3)
  //create parse tree
  Parser parser = ParserFactory.create(model); (4)
  Parse topParses[] = ParserTool.parseLine(sentence, parser, 1);
(5)
  //call subroutine to extract noun phrases
  for (Parse p : topParses) { (6)
     getNounPhrases(p); (7)
  }

  //print noun phrases
```

```
  for (String s : nounPhrases) { (8)
     System.out.println("Noun Phrase: " + s); (9)
  }
```

getNounPhrase 함수

```
public static void getNounPhrases(Parse p) {

  if (p.getType().equals("NP")) { //NP=noun phrase (1)
     nounPhrases.add(p.getCoveredText()); (2)
  }
  for (Parse child : p.getChildren()) (3)
     getNounPhrases(child); (4)
}
```

TextChunker 클래스에 "We saw the yellow dog."라는 문장을 입력값(input)으로 주면 다음과 같은 결과가 출력된다.

```
Noun Phrase: We
Noun Phrase: the yellow dog
```

03

Chapter

한글 형태소 분석

Chapter

03 한글 형태소 분석

3.1 한글 형태소 분석의 개요

앞 장에서도 잠시 언급했듯이 형태소 분석은 한글 자연어 처리의 가장 중요하고 기초적인 역할을 수행하며 입력문자열을 형태소열로 바꾸는 작업을 한다. 형태소 분석은 띄어쓰기 단위의 어절인 단어(word)를 구성하는 각각의 형태소들을 인식하고 용언의 활용, 불규칙 활용이나 축약, 탈락현상이 일어난 형태소는 원형을 복원하는 과정이다(강승식, 2002).

형태소 분석의 활용도를 언어학적 측면과 전산학적 측면에서 고려할 수 있는데 언어학적으로는 특정 언어현상의 생성과정을 설명하는 데 용이하게 쓰일 수 있다. 전산학적인 측면에서는 정보검색이나 자연어 처리 자동 처리시스템의 구문 분석의 전 단계 등의 용도로 쓰일 수 있다. 기존의 형태소 분석기 대부분이 배경지식이나 문맥을 기반으로 형태소 분석을 수행하지 않고 어휘사전과 규칙에 의존하고 있기 때문에 이런 점을 고려하고, 또한 인터넷 보급의 확산과 대량의 소셜 미디어 데이터의 확보가 용이한 지금의 상황에서는 성능이 뛰어난 형태소 분석기 개발이 시급하다.

형태소(morpheme)는 의미의 최소단위로서, 더 이상 분석 불가능한 가장 작은 의미 요소를 말한다. '명사', '대명사', '수사' 등의 체언, '형용사', '동사' 등의 '용언', '부사', '관형사', '감탄사' 등의 독립언, '조사', '어미', '선어말어미', '접사' 등의 기능어가 형태소에 포함된다. 또한 단순어의 어근(원형), 어미나 조사, 접두사, 접미사도 이에 해당된다.

그림 3-1 | 형태소 분석과정

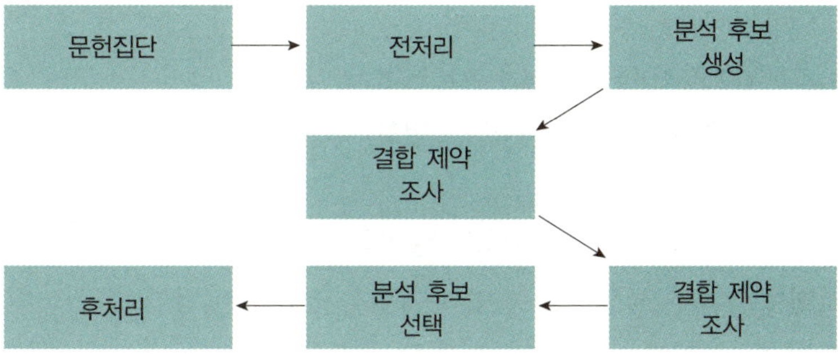

형태소 분석은 위 그림과 같은 각각의 과정을 통해서 이루어진다. 첫째는 분석 대상 문헌집단을 선정하고 둘째는 전처리단계로 대상 문장 추출, 문장부호, 숫자, 특수문자열 처리, 어절 분리를 실시한다. 셋째는 분석 후보를 만드는 단계로 다양한 변형 규칙에 대해 원형 복원 규칙을 적용한다. 넷째는 결합 제약이 있는지 조사하는 단계로 결합 제약 규칙을 통해 분석 후보들 중에 잘못된 분석 결과가 있으면 제외시킨다. 다섯째는 분석 후보 중 최종 분석 결과를 도출해 내는 단계로 어휘사전 정보 및 각종 제약 조건을 반영해서 최종 결과를 도출해 낸다. 여섯째는 후처리단계로 중의성 해소, 복합명사나 미등록어 처리, 준말 처리 등을 수행한다.

일반적으로 형태소 분석은 언어적인 특정에 따라서 차이가 존재한다. 한글은 교착어(agglutinative language)의 일종으로 명사, 동사 등의 어간에 조사, 어미 등의 기능어가 추가되어 어절을 형성한다. 교착어에 속하는 언어는 한국어, 일본어, 만주어, 몽골어, 터키어, 헝가리어, 핀란드어 등이다. 이와는 다른 언어체계인 굴절어(inflectional language)는 어간의 변화 혹은 밀접한 연관의 기능 형태소 결합을 통해 성, 수, 시제 등이 표현된다. 라틴어, 독일어, 불어, 영어 등이 이에 속한다.

굴절어에 속하는 영어의 경우에 각 단어별 품사를 결정하게 되는데 영어에서 대부분의 명사는 동사로도 쓰일 수 있는 등 영어에서는 품사의 중의성(lexical ambiguity)이 중요한 문제이다. 이에 비해 한글은 교착어로 문장 속에서 활용할 때 어간에 조사나 어미를 붙여 상황에 맞게 사용하기 때문에 형태소의 품사에 대한 중의성이 중요한 문제이다.

한글과 영어의 형태소 분석의 차이는 다음의 예에서 보여진다.

```
영어: I / go / to / school.    단어
한글: 나는 / 학교에 / 갑니다.    어절
```

어휘 분석(lexical analysis)은 형태소 분석방법과 차이가 있고 어휘사전을 기본으로 하여 사전에 수록된 낱말들로 입력 문자열을 분석하는 방법이다. 어휘 분석에서는 대부분 형태소보다는 광범위한 단위에서 구분 정밀도에 손상이 없는 수준에서 어절을 구분한다. 예를 들면, 형태소 분석에서는 '수행하다'는 '수행', '하', '다'로 구분되는데 어휘 분석에서는 '수행하'와 '다'로 분리된다.

- 형태소 분석 : 수행하다 → '수행' + '하' + '다'
- 어휘 분석 : 수행하다 → '수행하' + '다'

자연어 분석의 관점에서는 형태소 분석이 더 적절하지만 정보검색 측면에서는 질의어 분석이나 색인과정에 어휘 분석이 더 적절한 방법이라 할 수 있다(장동현·맹성현, 1996). 어휘 분석 기법은 Lex를 사용하거나 유한 오토마타(finite automata) 등 특정 알고리즘을 사용해서 어휘 분석기를 만든다. Lex는 구문 분석을 위한 대표적인 프로그램으로 유닉스시스템의 구문 분석 표준으로 사용되고 있으며 그 정의는 POSIX 표준을 따른다(Levin 외, 1992).

3.2 한글 형태소 분석과정

그림 3-2 ▌한글 형태소 분석과정의 예시

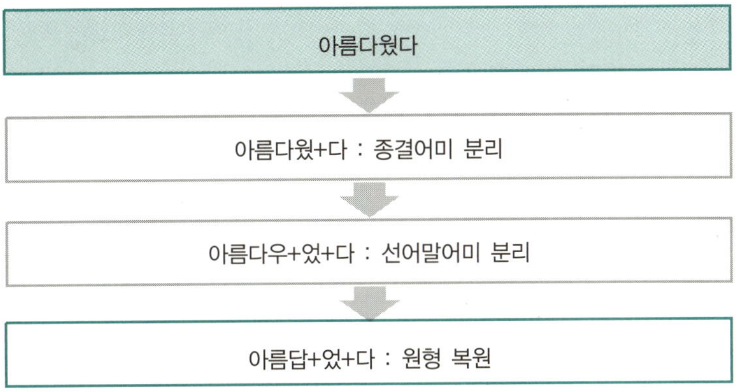

위의 그림은 한글 형태소 분석(Korean Morphology Analysis)과정의 한 예제를 보여준다. '아름다웠다'라는 단어에 대해서 먼저 종결어미인 '다'를 분리시키고 그 후에 선어말어미인 '었'을 분리하고 마지막으로 '아름다우'를 '아름답'으로 원형 복원시킨다.

형태소 분석에 있어서 몇 가지 난제를 해결해야 한다. 그 첫 번째는 형태소 분석의 모호성을 들 수 있다. 예를 들면, '감기는'이라는 단어는 질병 감기를 의미할 수도 있고 "줄을 감다"의 '감기는'을 의미할 수도 있고 "머리를 감기다"의 '감기는'을 의미할 수도 있기 때문에 다양한 분석이 가능하다.

감기는: (N 감기)+(J 는), (V 감)+(E 기)+(J 는), (V 감기)+(E 는)

영어도 예외는 아니다. 'cold'라는 단어는 감기의 'cold'일 수도 있고 춥다는 뜻의 'cold'일 수도 있다. 이런 단어의 중의성을 해소하는 기법을 어의 중의성 해소(word sense disambiguation)라고 한다. 어의 중의성 해소는 많은 연구들이 이루어져 왔다(허정·옥철영, 2001; Chung and Lee, 2001). 어절 자체 정보만으로는 중의성을 해결할 수 없고 문맥 정보나 배경 지식이 필요하다.

두 번째로 가용한 한글 형태소 분석기들의 분석 결과가 다양하기 때문에 표준화나 통일된 기준이 필요하다. 예를 들어, 입력문장이 "그를 만난 건 학교에서였다" 이면 일례로 UTagger와 꼬꼬마 형태소 분석기로 나온 결과의 차이가 아래 표에 보여진다.

표 3-1 분석기에 따른 결과 차이

	UTagger	꼬꼬마 형태소 분석기
그를	그01/NP+를/JKO	그르/VV+ㄹ/ETD
만난	만나/VV+ㄴ/ETM	만난/NNG
건	것01/NNB+ㄴ/JX	건/NNG
학교에서였다	학교/NNG+에서/JKB+이/VCP+었/EP+다/EF	학교/NNG+에/JKM 서이/VV+었/EPT+다/EFN+./SF

이외에도 특히 소셜 미디어 데이터에서 빈번히 발생하는 띄어쓰기문제와 신조어와 맞춤법 오류 등으로 인한 미등록 어휘문제가 형태소 분석기의 성능에 영향을 준다. 또한 형태소 분석에 있어서 복합명사 처리문제도 있는데, 예를 들면 '납품 단가'나 '경제 민주화'는 복합명사로 처리되어야 하지만 대부분의 형태소 분석기는 두 개의 독립된 명사로 품사 태깅을 하게 된다.

납품/NNG+단가02/NNG
경제04/NNG+민주화/NNG

학교에서였다
학교/명사 + 에서/조사 + 이/서술격조사 + 었/선어말어미 + 다/종결어미

아름다워졌음을
아름답/형용사 + 어/연결어미 + 지/보조용언 + 었/선어말어미 + 음/명사형어미 + 을/목적격조사

한글 형태소 분석은 다양한 목적에서 활용될 수 있으며 한글 텍스트 마이닝의 근

간을 이루는 중요한 요소이다. 한글 형태소 분석방법의 현주소를 보면 몇 가지 해결해야 하는 난제들이 있다. 첫 번째 분야로 맞춤법 교정 기법에서는 결합 제약 검사 완화로 인한 결합 조건에 위배되는 중간 후보 생성이 필요할 때와 정확한 분석을 통해 교정안을 제시하고 대치하고자 할 때 필요하다. 두 번째 분야로 정보검색에 있어서는 최대한 많은 범위를 포함하고 처리하기 위해 복합명사 및 미등록어 처리의 강화가 필요하다. 기계번역에 있어서는 구문 분석의 과중한 부담을 줄이기 위해 중의성 해소기능을 강화할 필요가 있다. 자동 띄어쓰기 교정기에서는 어절 분리를 후속 분석단계에서 또한 융합해서 처리할 필요가 있다. 음성입력 분야에서는 음운현상에 따른 자동 교정 및 자동 띄어쓰기 등의 전처리기능을 강화할 필요가 있다.

한글뿐만이 아니라 영어 이외의 다른 언어권에서는 언어에 따른 형태소 특징들을 잘 반영하는 형태소 분석기가 필요하다. 예를 들면, 중국어의 경우 형태론적 변형과 띄어쓰기가 부재하기 때문에 어절 분리가 가능하지 않다. 그렇기 때문에 전체 문장을 형태소 래티스로 분석하거나 3단계 점프와 같은 휴리스틱 기법 등이 필요하게 된다. 일본어의 경우는 띄어쓰기는 없지만 기능 형태소가 존재하며 가타가나와 한자가 혼용되어 사용된다. 일본어는 자동 띄어쓰기 처리로 어절 분리가 가능하다. 라틴어와 독일어 등 서구 언어는 예외가 거의 없고 결합 제약 처리가 특히 용이하다.

한글의 특성을 코드 변환과 음절 분석의 관점에서 살펴보면 다음과 같다. 우선 완성형, 조합형, 유니코드 등 다양한 코드가 혼용되어 사용되기 때문에 코드 변환이 쉽지 않다.

한글의 가능한 음절 조합의 수는 11,172음절이다(초성(19개)×중성(21개)×종성(28개)=11,172음절). 2바이트 완성형은 주로 쓰는 음절에만 코드가 배정된다(KS5601 2,350자). 2바이트 조합형의 경우 초중종성별로 비트영역이 할당되며 모든 음절 표시가 가능하다. 확장완성형은 11,172음절을 모두 표현하는 것이 가능하다(2,350+8,822=11,172). 확장완성형은 기존 완성형 2,350자 외의 음절에도 별도로 영역 할당이 가능하며 기존 완성형과 호환성이 우수하고 전 음절 표시가 가능하다. 단점은 음소 분리가 곤란하며 정렬에 어려움이 있다. 유니코드 2.0은 11,172자 표현이 가능하다(0xAC00~0xD7A3). 기존 완성형과는 호환성이 없고 전 음절 표시가 가능하다. 장점은 음소 분리가 간편하고 정렬이 간편하다.

3.3 일반적인 형태소 분석 기법

일반적으로 형태소 분석은 3가지 방법으로 이루어진다. 우선은 촘스키(Noam Chomsky, 1965)의 변형생성이론(transformational generative grammar) 모델을 기반으로 하는 다층 형태소 분석이 있다. 다층 형태소 분석은 형태소 분석 시에 발생하는 문제점들을 해결하는 데 적합한 방법론으로 다층 형태론(multi-level morphology)과 다단계 모델(multi-level model)로 이루어져 있다(강승식, 1994). 각 변형의 단계별 역추적 분석이 가능하지만 변형 규칙의 적용 순서 결정이 어려운 문제이며 언어별로 모델이 가지각색이기 때문에 다양한 언어에서 재활용은 어려울 수 있다.

두 번째로는 2-레벨 형태론(two-level morphology) 기반의 형태소 기법이 있는데 이는 캐플란(Kaplan et al., 1994)이 발전시킨 이론으로 변형이 일어나는 세부과정을 무시하고 하나의 변형으로 처리하는 방법이다.

이 2-레벨 형태론을 기반으로 하는 2-레벨 형태소 분석기는 규칙집합(R), 유한자동변환기(F)와 트라이 사전(T)으로 구성된다.

Tm=(R, F, D)

1986년에 코스켄니에미(Koskenniemi)에 의해서 제안되었으며 양방향(어휘형과 표현형 사이에서) 일대일 변환기를 병렬적으로 적용한다. 규칙집합의 각 규칙은 각각 하나의 유한자동변환기로 표현되어 병렬 적용된다. top-down, parallel 접근이 가능하며 트라이 사전을 참조하여 각 규칙을 병렬적으로 적용한다. 장점으로는 언어 의존적 정보 분리로 모듈성이 우수하며 병렬 처리 부담 외에는 효율성도 우수하다. 한편 단점으로는 틀린 어절을 옳게 분석하는 오류의 가능성이 높아 규칙에 이를 막기 위한 제약 정보를 부가하는 부담이 크다. 세 번째 방식은 stemming 기법에 기반을 둔 형태소 분석으로 stemming 접근법은 단어에 공통적으로 나타나는 부분을 어근으로 처리하는 기법을 통칭해서 stemming 접근법이라고 한다. 예를 들어,

cats, catlike, catty 이 세 단어는 cat으로 stemming 처리가 된다. 다양한 stemming 방법이 제안되어 왔는데 대표적으로는 1968년에 로빈스 알고리즘과 1980년에 포터 알고리즘이 있다. 이를 기반으로 다양한 변형 알고리즘이 존재하며 대체로 속도 및 높은 효율성 그리고 사전의 간소화를 추구하는 기법들이 등장하게 된다.

3.4 한글 형태소 분석기

한글 형태소 분석에 쓰이는 형태소 분석기는 공통적으로 5단계의 중요한 절차를 거치게 된다(아래 그림 참조).

그림 3-3 | 한국어 형태소 분석기의 예

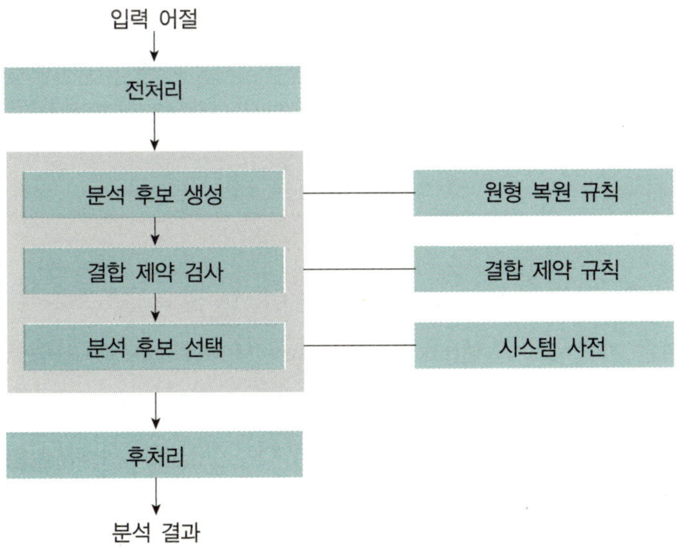

첫 번째 단계는 전처리단계로 문장으로부터 단어를 추출하고 문장부호를 분리하며 숫자나 특수 문자열 처리를 수행한다. 두 번째 단계는 분석 후보 생성단계로 형태소를 분리하고 불규칙원형을 복원한다. 세 번째 단계는 결합 제약 검사단계로 모음조화, 형태소 결합 제약, 음운현상에 따른 제약 등을 검사한다. 네 번째 단계는 옳은 후보를 선택하는 단계로 사전 탐색과 단어 형성 규칙을 적용해서 옳은 후보를 선택한다. 마지막 다섯 번째 단계는 후처리단계로 복합명사를 추정하고 사전 미등록어를 처리하며 준말을 처리하는 단계이다.

오픈 소스 형태로 접근가능한 한글 형태소 분석기 리스트는 다음과 같다(아래 [표 3-2] 참조).

한글 형태소 분석기 종류

표 3-2 한글 형태소 분석기 리스트

형태소 분석기	URL
UTagger	http://nlplab.ulsan.ac.kr
꼬꼬마 한국어 형태소 분석기	http://kkma.snu.ac.kr
MACH	http://cs.sungshin.ac.kr/~shim/demo/mach.html
KLT	http://nlp.kookmin.ac.kr
한나눔	http://semanticweb.kaist.ac.kr
Arirang(Lucene)	https://issues.apache.org/jira/browse/LUCENE-4956
Komoran	http://shineware.tistory.com/entry/KOMORAN-ver-24
Twitter-Korean-text	https://github.com/twitter/twitter-korean-text

UTagger는 한국어 처리를 위해 각 어절을 CKMA 알고리즘으로 분석하여 후보를 생성하고, 히든 마르코프 모델(Hidden Markov Model: HMM) 기법을 이용하여 좌우 어절을 고려해서 최적해를 결정한다(신준철 · 옥철영, 2012). CKMA는 입력받은 어절을 2부분으로 나누어 분석하는데 일반적으로 형식 형태소와 실질 형태소로 구분하여 처리한다. HMM은 이전 상태가 다음 상태에 영향을 미친다고 가정하고 상태 전이 확률을 계산하여 최적열을 결정하는 방법이다.

MACH는 코드 변환과정과 축약, 탈락, 불규칙 활용 등으로 변형된 형태소의 원형을 복원하고 분석 후보를 생성하는 등의 과정을 거치지 않고 형태소 사전에서 제공되는 인접 조건에 대한 검사만으로 형태소 분석을 하는 분석기이다(심광섭 · 양재형, 2004).

KLT는 초기 한글 형태소 분석을 선도한 분석방법으로 국어 형태소 분석, 자동색인(색인어 추출), 한글 맞춤법 검사 및 교정, 복합명사 분해, 한글 자동 띄어쓰기 등 다양한 기능을 제공하고 있다(강승식, 2002).

꼬꼬마 한국어 형태소 분석기는 띄어쓰기 오류에 덜 민감한 한글 형태소 분석기이다. 기본적으로 동적 프로그래밍(Dynamic Programming)을 이용해서 모든 가능한 형태소 분석 후보를 생성하고 적합하다고 판단되는 순서대로 분석 후보들을 정렬한다. 속도를 위해서는 기분석 사전을 이용한 인접 조건 검사방식을 이용하고, 품질을 위해서는 몇 가지 휴리스틱(Heuristic)과 히든 마르코프 모델에 기반한 확률모델(Probabilistic Model)을 이용한다(심광섭·양재형, 2004). 형태소를 '체언, 용언, 관형사, 부사, 감탄사, 조사, 선어말어미, 어말어미, 접두사, 접미사, 어근, 부호, 분석불능, 한글이외'로 나누어 표현하고 각각 형태소 안에 세부 분류를 두어 알파벳으로 표기한다.

한나눔은 각 단계를 모듈별로 분할하여 workflow 개념으로 만들어진 모듈을 조립하는 형식으로 설계되었고 광범위한 한글 태그 종류를 제공하고 있으며 크게 다음 3개의 플러그인 형태로 구성되어 있다. ① Text Preprocessing : 문장 경계 인식, 필터링, 자동 띄어쓰기 등 형태소 분석 이전에 필요한 전처리 작업을 수행한다. ② Morphological Analysis : 입력 문장에 대해서 어절 단위로 발생가능한 모든 형태소 분석 결과를 생성한다. ③ POS Tagging : 가장 유망한 형태소 분석 결과들을 선택하여 입력 문장에 대한 최종 품사 태깅 결과를 반환한다.

Arirang은 루씬 검색엔진에 사용되는 언어 분석기 중 한글 분석을 위해 개발되었다. 루씬은 원래 한글, 중국어, 일본어 3개국 언어를 하나의 분석기에서 형태소 분석하도록 설계되어 있어서 한글 형태소 분석에 허점이 많았다. 이를 보완하고자 몇몇 개발자들에 의해서 자발적으로 만들어진 한글 형태소 분석기로서 검색엔진에 특화된 한글 형태소 분석기 개발이 목표이다. 형태소 분석을 위한 말뭉치 학습과 사전 목록 일부는 '21세기 세종계획'의 성과물을 사용하였다.

Komoram은 SHINEWARE에서 제작한 오픈 소스 형태로 제공되는 형태소 분석기이다. 기존 형태소 분석기와 달리 여러 어절을 하나의 품사로 분석가능함으로써 형태소 분석기의 적용 도메인에 따라 공백이 포함된 고유명사(영화 제목, 음식점명, 노래 제목 등)를 더 정확하게 분석할 수 있다. 속도의 측면에서는 자소 단위 TRIE 사전 구성으로 사전 재탐색 횟수를 최소화하여 사전 탐색 속도를 향상시켰다. 또한 성능 향상을 위해 한국어에서 나타나는 불규칙을 학습 코퍼스 내에서 자동으로 추출하여 불규칙 어절에 대한 분석 정확률을 높이도록 했으며 TRIE 및 압축된 사전 정보를 사용하여 메모리 사용률을 최소화하도록 노력하였다. 사용자가 사전에 새로운 단어들을 추가할 수 있으며 신조어, 고유명사 등의 분석이 가능하다.

Twitter-Korean-text는 스칼라로 쓰인 한국어 처리기로서, 현재 텍스트 정규화와 형태소 분석, 스테밍을 지원하고 있다. 짧은 트윗이나 비정형 소셜 미디어 텍스트에 특화되어 있다.

한글 품사 태깅방법론

한글 품사 태깅은 대체적으로 3가지 방법으로 분류할 수 있다. 첫 번째는 규칙 기반 접근방법이다. 긍정 정보 및 부정 정보 활용을 통해 점수를 부여하는 방법이다. 복합적인 접근방법 채택 시에 형태소 분석의 오류 처리를 위한 수정 정보 활용을 위해서 활용이 가능하다. 정밀하게 고안된 규칙의 경우 정확성은 높지만 새로운 용어나 규칙의 변화로 인하여 규칙 구축이 어렵다. 두 번째로는 통계적 접근방법이 있다. 충분한 분량의 태그가 제공되는 말뭉치로부터 통계 정보를 추출해 활용하는 방법이다. 태그 부착 말뭉치 구축 부담이 크지만 나머지 부분은 자동화가 가능하다. Hidden Markov Model이나 Conditional Random Field 등의 기계학습방법을 통해 품사를 예측한다. 세 번째 방법은 복합적 접근방법으로서 먼저 규칙 기반 접근방법을 적용한 후에 해소 안 된 부분에 대하여 통계적 접근방법을 적용할 수도 있고 규칙 기반 접근방법과 통계적 접근방법을 동시 적용하여서 높은 선호도를 결과로 채택하거나 Boostrapping방법을 사용할 수 있다.

대부분의 한글 형태소 분석기에서 사용되는 세종 말뭉치 사전 기반 세종 품사 태그 세트는 다음 [표 3-3]과 같다. 세종 말뭉치는 한국어의 대표적인 품사 부착 말뭉치로 국립국어원에서 21세기 세종계획의 일환으로 발표한 1,000만 어절 규모의 현대 문어 형태 분석 말뭉치이다. 세종 품사 태그는 21세기 세종계획 국어기초자료 구축 분과의 '형태 분석 말뭉치(morpheme tagged corpus)'를 구축하기 위해 마련된 것이며 1998년도 21세기 세종계획의 세부과제 중 하나였던 '어절 분석 표지의 표준안'과 한국전자통신연구원(ETRI, 1999)에서 마련한 '태그세트 표준안'을 고려하여 설계되었고, 또한 고려대학교 자연어처리연구실에서 자체적으로 개발한 표준안도 참고하였다.

표 3-3 | 세종 태그 세트

<table>
<tr><td rowspan="6">체언</td><td rowspan="3">명사</td><td rowspan="3">NN</td><td>일반명사</td><td>NNG</td></tr>
<tr><td>고유명사</td><td>NNP</td></tr>
<tr><td>의존명사</td><td>NNB</td></tr>
<tr><td>대명사</td><td>NP</td><td>대명사</td><td>NP</td></tr>
<tr><td>수사</td><td>NR</td><td>수사</td><td>NR</td></tr>
<tr><td>동사</td><td>VV</td><td>동사</td><td>VV</td></tr>
<tr><td rowspan="4">용언</td><td>형용사</td><td>VA</td><td>형용사</td><td>VA</td></tr>
<tr><td>보조용언</td><td>VX</td><td>보조용언</td><td>VX</td></tr>
<tr><td rowspan="2">지정사</td><td rowspan="2">VC</td><td>긍정지정사</td><td>VCP</td></tr>
<tr><td>부정지정사</td><td>VCN</td></tr>
<tr><td rowspan="3">수식언</td><td>관형사</td><td>MM</td><td>관형사</td><td>MM</td></tr>
<tr><td rowspan="2">부사</td><td rowspan="2">MA</td><td>일반부사</td><td>MAG</td></tr>
<tr><td>접속부사</td><td>MAJ</td></tr>
<tr><td>독립언</td><td>감탄사</td><td>IC</td><td>감탄사</td><td>IC</td></tr>
<tr><td rowspan="9">관계언</td><td rowspan="7">격조사</td><td rowspan="7">JK</td><td>주격조사</td><td>JKS</td></tr>
<tr><td>보격조사</td><td>JKC</td></tr>
<tr><td>관형격조사</td><td>JKG</td></tr>
<tr><td>목적격조사</td><td>JKO</td></tr>
<tr><td>부사격조사</td><td>JKB</td></tr>
<tr><td>호격조사</td><td>JKV</td></tr>
<tr><td>인용격조사</td><td>JKQ</td></tr>
<tr><td>보조사</td><td>JX</td><td>보조사</td><td>JX</td></tr>
<tr><td>접속조사</td><td>JC</td><td>접속조사</td><td>JC</td></tr>
</table>

<table>
<tr><td rowspan="10">의존형태</td><td rowspan="5">어미</td><td rowspan="5">E</td><td>선어말어미</td><td>EP</td></tr>
<tr><td>종결어미</td><td>EF</td></tr>
<tr><td>연결어미</td><td>EC</td></tr>
<tr><td>명사형전성어미</td><td>ETN</td></tr>
<tr><td>관형형전성어미</td><td>ETM</td></tr>
<tr><td>접두사</td><td>XP</td><td>체언접두사</td><td>XPN</td></tr>
<tr><td rowspan="3">접미사</td><td rowspan="3">XS</td><td>명사파생접미사</td><td>XSN</td></tr>
<tr><td>동사파생접미사</td><td>XSV</td></tr>
<tr><td>형용사파생접미사</td><td>XSA</td></tr>
<tr><td>어근</td><td>XR</td><td>어근</td><td>XR</td></tr>
<tr><td rowspan="12">기호</td><td colspan="2">마침표, 물음표, 느낌표</td><td colspan="2">SF</td></tr>
<tr><td colspan="2">쉼표, 가운뎃점, 콜론, 빗금</td><td colspan="2">SP</td></tr>
<tr><td colspan="2">따옴표, 괄호표, 줄표</td><td colspan="2">SS</td></tr>
<tr><td colspan="2">줄임표</td><td colspan="2">SE</td></tr>
<tr><td colspan="2">붙임표(물결, 숨김, 빠짐)</td><td colspan="2">SO</td></tr>
<tr><td colspan="2">외국어</td><td colspan="2">SL</td></tr>
<tr><td colspan="2">한자</td><td colspan="2">SH</td></tr>
<tr><td colspan="2">기타기호(논리 수학기호, 화폐기호 등)</td><td colspan="2">SW</td></tr>
<tr><td colspan="2">명사추정범주</td><td colspan="2">NF</td></tr>
<tr><td colspan="2">용언추정범주</td><td colspan="2">NV</td></tr>
<tr><td colspan="2">숫자</td><td colspan="2">SN</td></tr>
<tr><td colspan="2">분석불능범주</td><td colspan="2">NA</td></tr>
</table>

3.5 한글 형태소 분석기 사용 예제

Arirang 형태소 분석기 예제

Arirang을 사용하여 한글 텍스트를 형태소 분석하는 코드 예제는 아래와 같다. testKoreanMorph라는 함수는 String열을 인수(argument)로 받는다. 이 함수는 먼저

MorphAnalyzer라는 Arirang에서 제공하는 자바 클래스를 객체로 생성한다(1). 이 클래스는 다른 루씬의 Analyzer와 마찬가지로 입력된 데이터를 분해하는 임무를 수행한다. MorphAnalyzer는 org.apache.lucene.analysis.kr.morph 패키지에 포함되어 있고 한글 텍스트를 형태소 분석하는 주된 클래스이다. String열에서 하나씩 String값들을 받아서(2) 생성된 MorphAnalyzer의 analyze함수에 인수(argument)로 전달한다(3). analyze라는 함수는 입력된 텍스트를 분해해서 형태소 분석 후 결과를 AnalysisOutput이라는 클래스에 보관하여 AnalysisOut열을 결과값으로 리턴한다. AnalysisOutput 클래스는 getEomi, getJosa 등의 다양한 형태소 정보를 제공하고 있다. AnalysisOutput열의 결과값은 for문을 사용해서 AnalysisOutput 클래스를 하나씩 호출해서 결과값을 출력한다(4). 이때 AnalysisOuput의 toString함수는 Analysis-Output 클래스가 담고 있는 형태소 분석의 결과를 단순 String 합으로 표현해준다(5). AnalysisOutput 클래스 함수 중 중요한 함수 중의 하나인 getCNounList함수는 CompoundEntity 리스트를 리턴하는데(6), 이 함수는 복합명사 등의 단일 단어가 아닌 단어들과(7) 그 단어들이 복합형 단어인 확률을 실수값 형태로 출력해준다(8).

```
public void testKoreanMorph(String[] inputs) throws Exception
{
    MorphAnalyzer analyzer = new MorphAnalyzer(); (1)
    long start = 0;
    for(String input:inputs) {  (2)
        List<AnalysisOutput> list = analyzer.analyze(input); (3)
        for(AnalysisOutput o:list) {  (4)
            System.out.print(o.toString()+"->"); (5)
            for(int i=0;i<o.getCNounList().size();i++) { (6)
                System.out.print(o.getCNounList().get(i).getWord
()+"/"); (7)
            }

            System.out.print(o.getPatn());
            System.out.println("<"+o.getScore()+">"); (9)
```

```
            }

        if(start==0) start = System.currentTimeMillis();

    }
    System.out.println((System.currentTimeMillis()-start)+"ms");

}
```

다음의 예제 텍스트를 사용해서 위 함수를 실행한다면 결과값은 다음과 같다.

```
예제 텍스트:
String[] inputs = new String[] {
"합쳐져","뛰어오르고","급여생활자나","영세자영업자들을", "어떻게
대우할것인가?","영세농어민","서민계층들은","온몸으로","엄습하고",
                "사랑받아봄을","둔"
};
```

```
결과값:
합치(V),어(c),지(W),어(e)->14<100>
뛰어오르(V),고(e)->11<100>
급여생활자(N),나(t),어(e)->급여/생활/자/3<100>
영세자영업자(N),들(s),을(j)->영세/자영업자/2<100>
어떻게 대우할것인가?(N)->어떻게 /대우/할것인가?/1<70>
영세농어민(N)->영세/농어민/1<100>
서민계층(N),들(s),은(j)->서민/계층/2<100>
온몸(N),으로(j)->2<100>
엄습(N),하(t),고(e)->3<100>
사랑(N),받(t),아(c),보(W),ㅁ(n),을(j)->7<100>
둔(N)->1<100>
두(V),ㄴ(e)->11<100>
```

Komoran 한글 형태소 분석기 예제

이번 예제는 Komoran 한글 형태소 분석기를 사용해서 한글 텍스트 분해를 설명한다. printTextByKormoran함수는 String 텍스트를 인수(argument)로 받는다(1). 이 함수에서는 한글 형태소 분석을 위해서 Komoran이 제공하고 있는 MorphologyAnalyzer라는 클래스를 객체로 생성한다(2). MorphologyAnalyzer 클래스는 'datas'라는 스트링을 인수(argument)로 받는데 datas는 Komoran 형태소 분석기를 실행하는 데 필요한 한글 사전 및 규칙들이 들어 있는 폴더명을 입력해야 한다. 객체 생성 후에 MorphologyAnalyzer의 analyze함수를 통해서 입력된 한글 텍스트를 형태소 분석하는 임무를 수행한다(3). 이 analyze라는 함수는 key와 value가 모두 String인 Pair 클래스를 요소로 갖는 (이 Pair는 형태소 분석된 각 단어를 의미한다) List의 List를 결과값으로 리턴하게 된다. 결과값을 for문을 사용해서 Pair열의 열을 먼저 출력하는데 이 Pair열의 열은 한 문헌을 의미한다고 볼 수 있다(4). Pair열의 열은 다시 inner for문을 사용해서 Pair열들을 추출하는데 이때 Pair열은 문헌의 한 라인이라고 볼 수 있다(5). Pair의 왼쪽과 오른쪽값은 각각 단어와 그 단어의 품사를 의미한다 (6)과 (7). 단어와 품사를 확인하기 위해 System.out.println함수를 이용해서 콘솔에 출력한다(8).

```
public void printTextByKomoran(String text) (1)
{
  MorphologyAnalyzer analyzer = new MorphologyAnalyzer("datas/");
(2)
  List<List<Pair<String, String>>>results = analyzer.analyze(text);
(3)

   for (List<Pair<String, String>> wordResult : results) { (4)

   for (Pair<String, String> pair : wordResult) { (5)
       String first = pair.getFirst(); (6)
```

```
        String second = pair.getSecond(); (7)

        System.out.println(first + " :: " + second); (8)
    }
    System.out.println();
    }
}
```

위의 함수를 실행하기 위한 샘플 입력 텍스트와 그 실행 결과값은 아래에서 확인할 수 있다.

```
입력 텍스트: "대한민국 만세 우리나라 만세 야호!";
출력값:
대한민국 :: NNP
만세 :: NNG
우리나라 :: NNG
만세 :: NNG
야호 :: IC
! :: SF
```

04

Chapter

구문 분석

Chapter 04

구문 분석

4.1 구문 분석의 개요

구문 분석(syntactical analysis) 또는 자연어 파싱(natural language parsing)은 인간이 문장을 듣고 문장의 구조를 이해하여 의미를 파악해 내는 절차를 컴퓨터가 이해하도록 구현하는 일련의 과정이다(Manning et al., 2008). 구문 분석 기법은 인간이 문장 구조를 파악하는 방식을 컴퓨터가 기계적인 방법으로 습득함으로써 자동으로 파악한다. 구문 분석의 결과는 파생 트리(derivation tree)와 같은 주어진 문장의 구문 구조(syntactic structure)에 대한 설명을 포함하게 된다(Larson and Segal, 1995). 전통적으로 파싱의 문법적 접근방법(또는 절 분석(clause analysis)이라고 알려진)은 텍스트를 각 구성 요소 부분들 간의 기능적, 구문적 관계에 대한 설명을 포함하여 각 품사적 구성 요소들로 분해하는 과정을 포함한다(Aho 외, 1986). 자연어 데이터를 파싱하기 위해서는 어떤 문법(grammar)을 사용해야 하는지에 대한 합의가 있어야 한다. 또한 구문의 선택은 어떤 언어적, 전산적 방법을 사용하는지에 의해 영향을 받게 된다.

그림 4-1 | 구문 분석의 개괄적 흐름도

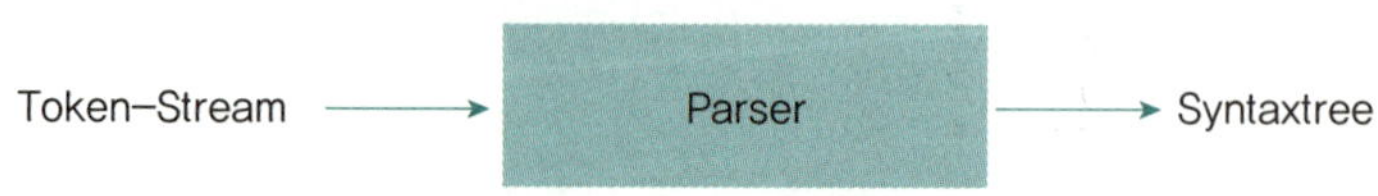

구문 분석은 토큰(대부분의 경우 단어)들을 expression, statement, conditional

branch, loop 등의 보다 넓은 범위의 프로그램 단위로 통합하는 일을 한다. 이런 임무는 위의 그림에 중앙에 위치한 파서(parser)가 담당한다. 파서는 대부분의 경우 토큰들을 가지고 정해진 파스 트리(parse tree)와 같은 계층적 데이터 구조를 만든다.

파서는 수작업으로 만들어지기도 하지만 대부분이 규칙을 담고 있는 specifications을 가지고 파서 생성기(parser generator)에 의하여 만들어진다. 가장 대표적인 계층 구조의 specification은 문맥-자유 문법(Context Free Grammar : CFG) 기법이다(Berstel and Boasson, 1990). 수학적 정의로 설명하면, 문맥-자유 문법은 4-tuple G=(V, T, S, P)이다. N은 nonterminal 집합을 의미하고 T는 terminal 집합을 의미하며 P는 규칙을 의미하고 S는 시작 심볼이다. 이런 G에서 모든 생성 규칙이 A -> x의 형태를 가지면 G를 문맥-자유 문법이라고 한다. 여기서 $A \in V$이고 $x \in (V \cup T)$이다. 또한 언어 L에 대해서 $L = L(G)$를 만족하는 문맥-자유 문법 G가 존재하고 오직 그럴 때에만 L을 문맥-자유 언어라고 한다.

위의 정의에 의하면 모든 정규 문법은 문맥-자유 문법이 되며, 따라서 정규 언어(regular language)는 문맥-자유 언어임을 알 수 있다. 그러나 정규 언어가 아닌 언어가 존재하기 때문에 정규 언어군은 문맥-자유 언어군의 진부분 집합임을 알 수 있다. 문맥-자유 문법이란 이름은 문장 형태에 있는 임의의 변수는 그 변수를 좌변으로 갖는 생성 규칙에 의하여 치환될 수 있다는 사실로부터 유래된다. 이러한 치환은 문장 형태에 있는 나머지 심볼들과는 상관없이 이루어진다. 이런 특징은 생성 규칙의 좌변에 변수 하나만이 허용되기 때문에 얻어지는 결과이다(Linz, 2011).

문맥-자유 문법을 구문 분석의 관점에서 좀 더 설명해 보기로 하겠다. [그림 4-2]에서 보듯이 문맥-자유 문법은 4개의 요소로 구성되었다(terminal, non-terminal, start symbol, rules).

Ternimals는 그림 맨 아래 있는 텍스트를 구성하는 단어들이다. Non-terminal들은 언어에 존재하는 구성 요소들(constituents)로서 NP, VP, NN, TO 등이 이에 속한다. Start symbol은 문장의 나무 구조의 뿌리로서 S로 표현된다. 규칙(rule)은 공식의 왼쪽에는 하나의 non-terminal이 위치하고 오른쪽에는 하나 또는 복수의 terminal이나 non-terminal이 위치하는 공식을 의미하는데 S -> NP VP가 규칙의

그림 4-2 | 구문 분석을 통한 문맥-자유 문법 설명

- Terminals(T)
- Non-terminals(N)
- Start symbol(S)
- Rules(R)

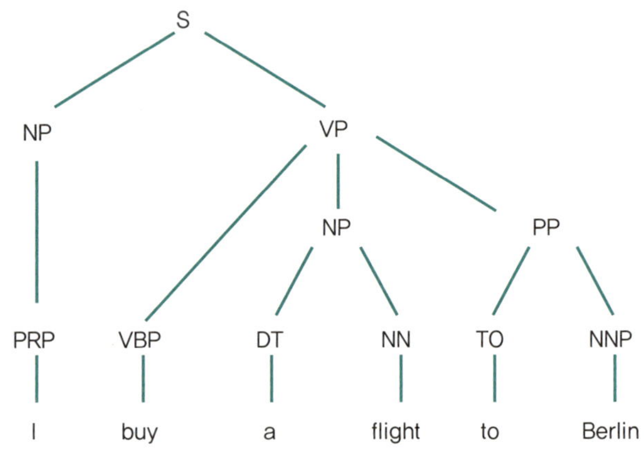

한 예가 되겠다.

구문 분석은 언어적 구조를 이해하는 두 가지 관점에 따라 구성(constituency)과 의존(dependency)으로 접근할 수 있다. 구성은 단일 단위를 갖는 단어의 그룹, 즉 구(phrase) 구조를 기본으로 단어를 중첩된 구성자들(constituents)로 배열하는 것이다.

그림 4-3 | 구성 분해의 예

```
(ROOT
  (S
    (NP (PRP$ My) (NN dog))
    (ADVP (RB also))
    (VP (VBZ likes)
      (S
        (VP (VBG eating)
          (NP (NN sausage)))))
    (. .)))
```

각각의 구성자는 하나의 머리 단어(head word)를 가지고 있다. 문맥-자유 문법의 구 구조 기반에서의 핵심은 구성자이다. 이에 비해 의존 기반 분해(dependency parsing)는 단어들 사이의 이진법적 관계(binary relation)를 나타내고 이를 통해서 더 심층적 분석을 수행할 수 있다. 의존 기반 분해에서 단어는 노드로 표현되고 단어와 단어의 관계는 의존으로 표현된다. 예를 들어, 아래 [그림 4-4]에서 'were'와 'written'의 의존관계는 auxpass로 이는 보조적 수동관계를 의미한다. 또한 'before'와 '1800'의 관계는 pobj로 전치사의 목적관계를 의미한다. 이런 의존관계에 대한 보다 자세한 설명은 스탠퍼드 의존 기반 분해 매뉴얼을 참고한다(http://robotics.usc.edu/~gkoch/DependencyManual.pdf).

그림 4-4 | 의존 기반 분해 예

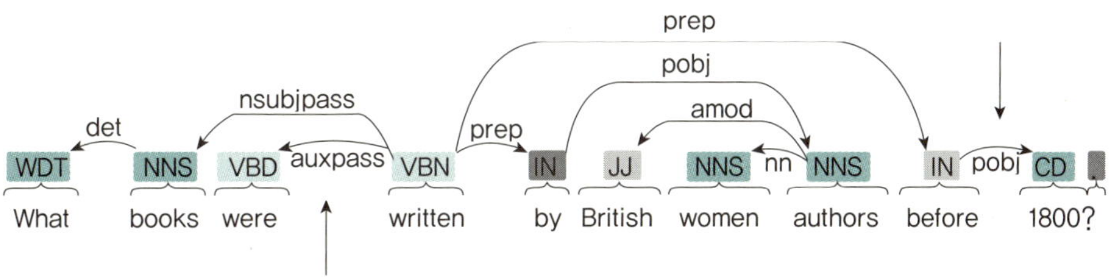

4.2 한국어 구문 분석

영어의 구문 분석과 비교해서 한국어 구문 분석은 연구가 활발하게 진행되지 않았다. 2000년도 초반에 들어서 본격적으로 한국어 구문 분석 연구가 이루어졌는데 대부분 영어 구문 분석의 이론적 근거를 바탕으로 한국어에 접목시키는 노력들이 있었다.

문맥-자유 문법에 생성된 스트링들을 인식을 연구하는 분야에서 임홍빈, 이홍식 외(2002)는 한국어 구문 분석방법론에 대한 연구를 하면서 구문 분석과 관련된 기존 논의를 검토하면서 문법이론적 배경을 문법 모형별로 정리하여, 표준이론적인 구절 구조 문법 또는 문맥 자유 문법, HPSG, LFG, CG(범주 문법), 의존 문법, 몬태규 문법에 입각한 논의로 나누어 그 연구 성과와 문제점을 검토하고 있다. 실제 구문 분석을 염두에 두고, 이론 언어학적 관점에서 관심의 대상이 아니었던 연구 과제들을 다루고, 새로운 연구 성과를 내는 연구들을 찾아볼 수 있다. 또한 황화상 외(2004), 유혜원(2004) 등은 문장에서 하나의 단위로 기능하는 구 구조를 분석해 내기 위한 연구방법론을 제시하였는데 컴퓨터에서 구 구조를 분석하기 위한 세밀한 정보들을 구문 분석의 관점에서 제시하였다.

4.3 한국어 구문 분석 기준 설정

구문 분석에 있어서 3가지의 핵심적인 기준 설정 원칙을 유지하는 것이 중요하다. 그 3가지 기준 중 첫 번째는 기본 구조 설정을 위한 기본 원칙은 표층 구조에 근거한다는 것이다. 표층 구조의 구문상의 기능에 따라 구문 태깅을 하는 것은 형태나 통사 태그 정보를 그대로 구문 분석에도 이용할 수 있기 때문에 효율적인 측면이 있다. 두 번째 원칙은 평면 구조(flat structure) 분석을 기본으로 한다는 것이다. 세 번째 원칙은 동사구 내부 주어 가설에 의하여 종래의 주어를 동사구 내부에 설정한다. 아래의 나무 구조에서 두 개의 명사구(NP)가 하나의 용언구(VP) 속에 포함되더라도, 격표지의 형태나 통사 태그 정보(는/jxt, 를/jco)가 표면상에 그대로 나타나므로 분석의 효율성을 높이기 위해 평면 구조를 사용할 수 있다.

```
          S
          |
          VP
   /      |      \
  NP     NP      V
  |       |       |
나는  너를  사랑한다 (나/npp+는/jxc 너/npp+를/jco 사랑/ncpa+하/xsv+ㄴ다/ef)
```

한국어의 구문 표지에 있어서는 대부분이 이기용(1997)이 제안한 구문 분석기 데이터 정보 개발에 관한 연구를 따른다. 한국어 구문 표기의 범주는 하나의 뿌리-S(문장) 아래 구범주와 중간범주로 나뉘게 된다. 구범주에는 NP(명사구), VP(용언구), AP(관형어구), PP(후치사구), ADVP(부사구), IP(독립어구), AUXP(보조용언구)가 포함된다. 중간범주는 N, V, A 표기가 이에 속한다.

4.4 구문 표지와 트리 태깅

구문 표지 중 첫 번째 고려 대상이 되는 범주는 문장이다. 문장 S는 아래와 같은 규칙이 적용되어 어느 구범주와 문장종결부호(., !, ?)로 형성된다.

```
S -> XP+{., !, ?}/sf     (XP: VP, NP, ADVP, ...)
```

예를 들어서 "대한민국은 동아시아의 한반도 남부에 있는 공화국이다."란 문장은 아래와 같이 S -> VNP의 구조를 갖는다.

```
(ROOT
  (S
    (NPSBJ (NNP 대한민국) (JX 은))
    (VNP
      (SMOD
        (NPSBJ
          (NPMOD (NNP 동아시아) (JKG 의))
          (NPSBJ (NNG 한반) (JX 도)))
        (VPMOD
          (NPAJT (NNG 남부) (JKB 에))
          (VPMOD (VV 있) (ETM 는))))
      (VNP (NNG 공화국) (VCP 이) (EF 다) (SF .)))))
```

명사구(NP)의 경우는 아래의 규칙과 같이 명사(N)와 격조사(이/가/을/를)와 접속조사(와/과) 또는 특수조사(도/만), 주제격 조사(은/는)로 형성될 수 있다.

```
명사구(NP) 규칙 NP -> N + (이/가/을/를/와/과/은/는/도/만)
```

명사구의 구문 분석은 명사구의 형태·통사 태그 정보가 다음과 같을 때만 가능하다.

```
NP -> {NP, VP, PP} ...+X/{etn, ef}+(이/가/을/를/은/는/도/만)
```

후치사구(PP)는 명사구 외에 구문 내에서 독립적으로 나타날 수 있는 성분들이며 후치사구 규칙은 아래와 같다.

```
PP -> N + (에게/께/에/에서/부터/까지/에서는 ... )
```

관형사구 AP(Adnominal Phrase)의 경우 독립적으로 사용될 수 없는 범주로 반드시 뒤에 N이 포함된 명사구, 후치사구, 용언구가 나타나야 하며 규칙은 다음과 같다.

```
AP -> {NP, PP, VP, ADVP} X/pvg(paa, px, xsv)+...X/etm
```

명사구를 수식하는 관형사구(AP)

```
(NP (AP 왕/ncn+의/jcm )
    (NP 병환/ncn+을/jco ))
```

후치사구를 수식하는 관형사구

```
(PP (AP 이렇/pad+ㄴ/etm )
    (PP 뜻/ncn+에서/jca ))
```

용언구를 수식하는 관형사구

```
(VP (AP 악착스럴/paa+ㄴ/etm )
    (V 문지기/ncn+이/jp+었/ep+다/ef ))
```

용언구(VP)는 동사와 형용사를 모두 포함하며 다른 범주와는 달리 연달아 나타날 수도 있고 또한 다른 범주와 관계하여 복잡하게 나타날 수 있기 때문에 어휘 범주인 V를 도입한다. 어휘범주 V의 분석 규칙은 다음과 같다.

```
V -> ...+X/{ecx, ecc, ecs, ef}
```

그리고 어휘범주의 예는 다음과 같다.

```
a. (V 이해/ncpa+하/xsv+고/ecc )
b. (V 보이/pvg+지/ecx )
c. (V 것/nbn+이/jp+지만/ecs )
d. (V 나타나/pvg+ㄴ다/ef )
```

용언구(VP)는 크게는 문장종결부호와 결합하여 S를 이루고, 작게는 용언(V)과 명사구(NP), 후치사구(PP), 관형사구(AP), 부사구(ADVP), 독립어구(IP) 등과 결합한다. 아래는 용언구(VP)의 규칙과 분석 예이다.

VP규칙

```
VP -> XP*  V

    a. VP -> NP V
       (VP (NP 대상/ncn+이/jcs )
       (V (V 되/pvg+고/ecx )(AUXP 있/px+다/ef ))
    b. VP -> ADVP V
       (VP (ADVP 상당/ncps+정도/ncn )
```

```
        (V 변화/ncpa+시키/xsv+었/ep+다/ef ))
  c. VP -> PP V
     (VP (PP 거기/npd+에서/jca )
        (V 연유/ncpa+하/xsv+ㄴ다/ef ))
  d. VP -> AP V
     (VP (AP 어떻/pad+ㄴ/etm )
        (V 것/nbn+이/jp+다/ef ))
  e. VP -> IP V
     (VP (IP 그리고/maj)
        (V 웃/pvg+었/ep+다/ef))
```

보조용언구(AUXP)는 독립적으로 사용하지 못하고 반드시 선행하는 용언(V)과 같이 나타나서 선행하는 용언(V)과 함께 V로 분석된다. 보조용언구(AUXP)의 분석 규칙은 다음과 같다.

```
AUXP -> X/px + ...
```

부사구(ADVP)는 용언구나 관형사구를 수식하는 범주이다. 부사구는 형태·통사 태그 정보가 지시부사(mad), 일반부사(mag), 부사파생접미사(xsa)로 분석된 어절은 부사구로 분석할 수 있다.

```
ADVP -> ...+X/{mad, mag, xsa}
```

독립구(IP)는 감탄사(ii), 호격조사(jcv), 접속부사(maj)에 의한 형태·통사 태그 정보로 규칙화될 수 있다. 또한 문장의 제시어나 표제어는 독립구를 형성할 수 있으며 아래와 같이 독립구 분석 목록으로 정의할 수 있다.

```
IP -> {ii, maj}
IP -> ....+X/jcv
```

4.5 한글 구문 분석 프로그램의 예

한글 구문 분석을 위한 코드는 한나눔과 연계되어 있는 자바로 구현된 NLP Hub 라는 라이브러리를 사용하였다. NLP Hub는 Morphological Analyzer, PSG parser, 그리고 DG parser로 구성되었으며 한글 구문 분석을 위한 오픈 소스이다.

이 예제를 위해서 KoreanSentenceTreeParse라는 클래스를 구현하였고 이 책의 부록에 수록되어 있다. 구문 분석의 구체적 용례를 설명하기 위해서 Korean-SentenceTreeParser 클래스의 parseSentence함수를 구현하여 설명하도록 한다. parseSentnece함수는 입력 문장과 결과값으로 출력되는 구문 분석된 문장을 인수(argument)로 받으며 DTree라는 Dependency Tree를 리턴한다. 이 함수에서 중요한 로직 중의 하나는 CFG 트리를 생성하는 데 있다(1). CFG는 이 장 처음 부분에서 언급한 바와 같이 문맥 자유 문법의 약자로 대부분의 구문 분석이 이 이론을 근간으로 해서 개발되었다. NLP Hub 라이브러리는 BerkeleyParserWrapper라는 클래스를 통해서 CFG 트리를 다룬다. BerkeleyParserWrapper는 구문 분석에 필요한 파라미터나 모델들을 파일에 저장하여 config과 models라는 폴더에 두고 Berkeley-ParserWrapper 클래스의 객체 생성 시 입력자로 받는다(1~2). 이후 인수(argument)로 넘어온 입력 문장을 파싱하여 스트링으로 저장 후 의존 트리를 구 구조 문법(phrase structure grammar)으로 변형하기 위해서 Converter라는 클래스를 객체 생성한다(3). 또한 이런 변형을 위해서 Function Tag들이 필요하기 때문에 (1)에서 파싱한 문장을 입력 인수로 해서 function tag들을 생성한다(4). 이와 아울러서 문장 변형을 위해서 파싱한 문장에서 새로운 라인을 제거한다(5). 이런 정보들일 습득한 후에 파싱한 문장을 기반으로 NLP Hub 라이브러리에서 제공하는 Parse Tree 객체를 생성한다(6). Parse Tree 객체 생성 후에 생성된 Parse Tree를 입력 인수로 하는 의존 트리를 생성하게 된다(7). 이 parseSentence함수는 DTree 의존 트리를 리턴한다. 이 함수를 실행하는 예제 샘플 문장과 결과값은 함수 아래에 보여진다.

```
public DTree parseSentence(String sentence, String parseResult)
{
        //parse result
        String parsResult_FuncTag = "";

        //ParseTree OBJ
        ParseTree pt = null;

        //convert Dependency Tree OBJ
        DTree depTree = null;

        try {
            //CFG Parsing and dependency parsing part
            BerkeleyParserWrapper bpw= new
BerkeleyParserWrapper(Configuration.parserModel); (1)

            String str = sentence;
            //1. parse the sentence
            parseResult = bpw.parse(str); (2)
            //2. convert PSG-> DG
            Converter cv = new Converter(); (3)
            //2-1 need to function Tags so we split function tags
            parsResult_FuncTag =
Converter.functionTagReForm(parseResult); (4)
            //2-3 delete \n information from parse result
            parsResult_FuncTag =
cv.StringforDepformat(parsResult_FuncTag); (5)
            //2-4 convert to store ParseTree OBJ
            pt = new ParseTree(sentence, parsResult_FuncTag, 0,
true); (6)
            //2-5 convert to store Dependency Tree OBJ
```

```
            depTree     = cv.convert(pt); (7)

            System.out.println("Start#\n" + parseResult+ "End");
            System.out.println(depTree.toString());

        } catch(Exception e){
            e.printStackTrace();
        }

        return depTree;
}
```

입력 문장:

```
String sentence = "우리나라의 미래는 밝다.";
```

결과값:

```
(ROOT
  (S
    (NPSBJ
        (NPMOD (NNG 우리나라) (JKG 의))
        (NPSBJ (NNG 미래) (JX 는)))
    (VP (VA 밝) (EF 다) (SF .))))
End
1       우리나라/NNG+의/JKG     2       NP      MOD
2       미래/NNG+는/JX  3       NP      SBJ
3       밝/VA+다/EF+./SF        0       VP      ROOT
==================================================
results : 아버지가 방에 들어가신다.

PSG parsing :
```

```
DG parsing :
1   우리나라/NNG+의/JKG 2    NP    MOD
2   미래/NNG+는/JX      3    NP    SBJ
3   밝/VA+다/EF+./SF    0    VP    ROOT
```

05

Chapter

벡터 공간 모델과 단어 가중치

5.1 벡터 공간 모델의 응용
5.2 단어 가중치

Chapter 05

벡터 공간 모델과 단어 가중치

벡터 공간 모델(vector space model)은 텍스트 문서를 색인어(index term)와 같은 식별자들을 벡터로 나타내는 대수적인 모델이다. 벡터 공간 모델은 솔튼 등(Salton et al., 1975)에 의해 고안되었고 정보 필터링과 정보검색, 색인 그리고 유사도 랭킹에 적용된다.

벡터 공간 모델에서 문서(document)는 벡터로 표현되며, 각각의 차원(dimension)은 개별 단어(term)에 대응된다. 만약 문서 내에 특정 단어가 포함되어 있다면, 벡터 내에서 해당 차원은 0이 아닌 값을 갖게 된다. 단어 가중치(term weight)라고 하는 이 값을 계산하는 데에는 여러 가지 방법이 있으며, 가장 잘 알려진 방법 중의 하나는 TF-IDF 가중치를 구하는 방법이다. TF-IDF 가중치는 이 장 후반부에 자세히 설명하기로 한다.

단어(term)의 정의는 응용 분야에 따라서 다른데. 일반적으로 단어는 하나의 단어이거나 키워드, 아니면 더 긴 구가 될 수 있다. 만약 단어가 단일어로 선택된다면, 벡터의 차원 수(dimensionality)는 단어집(vocabulary) 내의 단어들의 숫자(언어 자료(corpus) 내에 들어 있는 개별 단어들의 숫자)가 된다.

5.1 벡터 공간 모델의 응용

벡터 공간 모델은 키워드검색이나 문서의 유사도 랭킹에 응용된다. 문서 유사도

이론의 가정을 이용하여, 각각의 문서 벡터와(질의어를 문서들과 같은 종류의 벡터로 표현한) 질의어 벡터 사이의 각도를 비교해서 유사도 랭킹을 정한다. 실제적으로 벡터의 내적을 구하는 공식으로부터 쉽게 유도할 수 있기 때문에 벡터 사이의 각도를 계산하는 것보다 각도의 코사인값을 계산하는 것이 더 수월하다.

불리안 모델(boolean model)이 가지는 이진가중치에 대한 대안으로 나온 검색 모델링방법으로 이 부분의 색인어 가중치는 나름대로의 알고리즘에 따라서 도출되어야 하지만(일반적으로 TF-IDF방법을 많이 쓴다) 설명의 편의를 위해서 1, 0의 값으로만 가중치를 표현하도록 하겠다. 여기서 검색의 대상이 되는 문서를 D_1, D_2, D_3, D_4, …, D_n이라고 하고, 이와 같은 문서 집합 전체에 걸쳐 전부 m개의 색인어 w_1, w_2, w_3, … , w_m이 있다고 한다. 이때 문서는 다음과 같은 벡터로 표현된다.

$$d_j = \begin{bmatrix} d_{1j} \\ d_{2j} \\ \vdots \\ d_{mj} \end{bmatrix}$$

이것을 문서벡터(document vector)라고 부른다. 여기서 d_{ij}는 색인어 w_i의 문서 d_j에서의 가중치이다. 따라서 문서 집합 전체는 다음과 같은 $m*n$ 행렬 D에 의해 표현할 수 있다.

그렇다면 문헌*단어 매트릭스(document*term matrix)를 만들어 보자. 여기서 각 열을 색인어(term vector)라고 한다.

$$D = [d_1 \ d_2 \ \cdots \ d_n] = \begin{bmatrix} d_{11} & d_{12} & \cdots & d_{1n} \\ d_{21} & d_{22} & \cdots & d_{2n} \\ \vdots & \vdots & \ddots & \vdots \\ d_{m1} & d_{m2} & \cdots & d_{mn} \end{bmatrix}$$

벡터 공간 모델의 한계는 우선 긴 문서들은 유사도값이 작기 때문에, 제대로 표현되지 않는다는 점이고 두 번째는 비슷한 의미를 갖고 있는 문서들일지라도 사용된 단어가 다르면 연관성을 갖지 못하는 단점이 있다. 마지막으로 벡터 공간 표현에서는 단어들이 나타나는 순서가 무시되기 때문에 문맥 정보를 파악할 수 없다.

백터 공간 모델과 코사인 유사도 코딩 예제

비정형 한글 텍스트로 이루어진 문헌집단을 입력자로 받아 백터 공간 모델을 생성하고 주어진 두 문헌 간의 코사인 유사도를 측정하는 코드 예제는 VectorSpace-ModelManager라는 클래스에 구현하였다. VectorSpaceModelManager는 크게 3개의 함수로 이루어져 있다. 아래 코드 설명을 참고하자. VectorSpace ModelManager 클래스에 있는 main함수를 보면 VectorSpaceModelManager를 객체 생성 후에(1), noOfVocabularySize라는 정수값을 정하는데 이 정수값은 생성될 문헌*단어 매트릭스에서 단어의 개수를 규정하는 값이다. 이 예제에서는 100개의 단어로 한정하였다(2). noOfVocabularySize를 정하는 이유는 어휘의 크기가 클수록 연산작용이 많이 필요하고 연산에 필요한 메모리도 크기 때문에 적당한 선에서 어휘의 개수를 조정할 필요가 있다. 빅데이터를 처리해야 하는 경우는 여기서 소개한 방법은 적절하지 않고 Hadoop이나 Spark와 같은 빅데이터 처리기술을 활용해서 처리해야 한다. 그다음은 문헌집단을 읽어 들여서 단어로 구분하는 임무를 수행하게 된다(3). 이 부분은 아래에서 좀 더 자세히 설명하기로 한다. 문헌이 파싱되어서 단어 빈도수가 계산이 되면 문헌*단어 매트릭스를 만들게 된다(4). 그 후에 이 매트릭스에서 두 주어진 문헌 간의 코사인 유사도를 계산한다(5). 매트릭스 생성과 코사인 유사도 계산은 아래에서 자세히 설명하기로 한다.

```
        VectorSpaceModelManager vsm = new
VectorSpaceModelManager(); (1)
        int noOfVocabularySize = 100; (2)

        ArrayList<Document> docs = vsm.getPseudoCollection(); (3)
        vsm.createDocumentTermMatrix(docs, noOfVocabularySize); (4)

        vsm.computerCosineSimilarity(); (5)
```

문헌 파싱의 경우 위 코드 설명(3)번에서 언급한 바와 같이 문헌*단어 매트릭스를 만들기 위해 문헌 파싱이 선행되어야 하는데 아래 예제는 문헌 파싱에 가장 기본적인 방식을 소개한다. 더 현실적인 예는 파일에 존재하는 문헌들을 파싱해서 매트릭스를 만드는 것이다. 아래 getPseudoCollection함수는 가장 기본적인 문헌 파싱방법을 소개하고 있다. 코드 (1)~(11)은 임의의 문헌 5개를 만들어서 자바 컨테이너 중 하나인 ArrayList에 담는 과정이다. 코드 (12)~(20)은 한글 형태소 분석을 위한 사전 정지 작업을 하는 로직인데, 이 예제에서는 컴퓨터 운영체계가 윈도우의 경우와 리눅스의 경우로 나누어서 불용어 리스트 파일과 Komoran 한글 형태소 분석기에 필요한 사전 및 규칙 파일이 있는 폴더를 지정한다. 한글 형태소 분석기 실행에 관련된 configuration 관련 정보는 KoreanPipeline 클래스에 입력 인수(argument)로 사용되고 KoreanPipeline 클래스는 문헌집단에 대해서 한 번만 생성되도록 해서 형태소 분석 속도를 향상하도록 하였다(21). 이런 형태소 분석의 제반 사항들이 갖추어진 후에 파싱된 문헌집단을 (1)~(11) Collection이라는 yTextMiner 툴의 API를 사용해서 저장 후에(21), for문을 사용해서 각각의 문헌을 출력 후(22), 그 문헌에 preprocess라는 함수를 호출해서 Komoran 기반 형태소 분석을 수행한다(23). preprocess함수는 3개의 인수(argument)를 받는데 첫 번째 인수는 문헌집단이 한글(ko)인지 영어(en)인지를 나타내는 String값이고 두 번째 인수는 komoran으로 형태소 분석을 하는지 아닌지를 나타내는 불리안값이고 세 번째 인수는 생성된 KoreanPipeline이다. 이 preprocess함수가 실행된 후에는 형태소 분석이 끝난 상태가 되고 형태소 분석 결과를 포함한 Document라는 클래스를 Document ArrayList에 입력해서 리턴한다(24).

```
public ArrayList<Document> getPseudoCollection() throws Exception
{
        String doc_a = "최근 소셜미디어는 전세계적 커뮤니케이션 도구로서 사용에
전문적인 지식이나 기술이 필요하지 않기 때문에 이용자들로 하여금 콘텐츠의 실시간
생산과 공유를 가능하게 하여 기존의 커뮤니케이션 양식을 새롭게 변화시키고 있다"; (1)
        String doc_b = "토픽 모델링은 그 출현과 함께 텍스트 마이닝 분야에서 큰
관심을 받아온 연구방법론이다."; (2)
        String doc_c = "이 장에서는 본 연구에서 개발한 트위터 마이닝시스템에
```

```
대해 소개하고, 이를 위한 실험문헌의 수집과 실험설계에 대해 설명한다."; (3)
        String doc_d = "정보검색과 텍스트 마이닝 등의 영역 등에서 문헌
모델링이란 개별 문헌과 문헌집단을 해당 문헌에 출현한 단어를 통해 표현하는 방법을
의미한다."; (4)
        String doc_e = "소셜 네트워크 분석이란 개인, 집단, 사회의 관계를
네트워크로 파악하는 연구방법론이다."; (5)

        ArrayList<String> docs = new ArrayList(); (6)
        docs.add(doc_a); (7)
        docs.add(doc_b); (8)
        docs.add(doc_c); (9)
        docs.add(doc_d); (10)
        docs.add(doc_e); (11)

        ArrayList<Document> documents = new ArrayList();

        String morphData = ""; (12)
        String stopword = ""; (13)
        if (System.getProperty("os.name").startsWith("Windows"))
(14) {
            morphData = "datas/"; (15)
            stopword = "data/util/stopwords.txt"; (16)
        } else { (17)
            morphData = "/home/tsmm/yTextMiner/datas/"; (18)
            stopword =
"/home/tsmm/yTextMiner/data/util/stopwords.txt"; (19)
        }

        Pipeline pipe = new KoreanPipeline(morphData,stopword);
(20)
```

```
        Collection collection = new Collection(docs); (21)
        for(int i=0; i<collection.size(); i++) {
            Document document = collection.get(i); (22)
            document.preprocess("ko",true,pipe); (23)
            System.out.println("Document " + i);

            documents.add(document); (24)
        }
        return documents;
    }
```

문헌*단어 매트릭스 생성

문헌*단어 매트릭스를 만들기 위해서는 복잡한 과정을 거쳐야 한다. 문헌*단어 매트릭스 생성은 다양한 방법이 가능한데 아래 예제는 그 중에서 가장 직관적인 방법 중 하나이다. 보다 메모리가 적게 소요되고 효율적인 방법으로는 루씬을 이용해서 문헌집단을 색인 후 문헌*단어 매트릭스를 만들 수 있고, 이 방법은 Lucene-VectorSpaceModelManager 클래스에 구현했다. 이에 대한 설명은 정보검색까지 다루어야 하기 때문에 차후 정보검색에 대해 논의할 기회에 자세히 설명하기로 한다. 또 다른 방법은 Hadoop과 같은 분산병렬방법을 사용해서 문헌*단어 매트릭스를 생성하고 계산하는 방법이다.

문헌*단어 매트릭스 생성방법을 설명하기 위해 createDocumentTermMatrix함수를 구현했다. createDocumentTermMatrix함수는 문헌열과 문헌집단 안에 존재하는 어휘 개수를 인수(argument)로 받는다. 라인 (1)은 문헌의 수를 docLength라는 광역변수에 부여한다. 라인 (2)는 어휘 단어와 그 어휘 번호를 HashMap을 통하여 구현한다. 라인 (3)~(4)는 각각 다음에 오는 단어 번호와 문헌 번호를 정의하고 초기화한다. 라인 (5)는 문헌집단에서 문헌 하나하나를 추출하는 코드이고, 라인 (6)은 문헌의 길이에 대한 초기값으로 각 문헌의 단어 개수를 계산한다. 라인 (7)은 각 문헌에 존재하는 문장의 수만큼 for문을 사용해서 문장을 추출한다. 그 후에 각 문장에 있는 단어들을 for문을 사용해서 추출한다(8). 라인 (9)는 단어열로 되어 있는 한 문장에서 각각의 단어를 추출하는 코드이다. 이 책에서 제공하는 텍스트 마이닝 툴에서 단어는 Token으로 표현된다. Token에는 단어의 원형, 품사, 불용어인지 여부 등이 기록되어 있어서 전처리과정에서 용이하게 작용한다. 라인 (10)은 단어가 불용어인지 체크해서 불용어일 경우 다음 단어를 처리한다. 라인 (11)~(12)는 해당 단어의 원형이 알파벳과 숫자로 이루어졌는지를 체크해서 알파벳과 숫자 이외의 character가 존재한다면 다음 단어 처리로 이동한다. 라인 (13)은 라인 (11)의 단어 원형이 존재하지 않을 때 다음 단어로 이동한다. 라인 (14)~(17)은 문헌집단에 존재하는 단어들의 어휘를 키(key)로 하고 그 어휘의 출현 빈도를 값으로 하는 HashMap을 만드는 과정이다. 각 문헌은 문헌 번호를 순차적으로 부여받고 count로 계산된 문헌의 길이를 문헌 길이열에 부여한다(18). 라인 (19)는 전체 문헌에서 추출한 전처리 후에 남은 어휘 단어들의 수이다. 라인 (20)~(24)는 단어 벡터를 생성하는 과정으로 문헌*단어 매트릭스에서 단어에 해당되는 열의 집합이다. 라인 (25)~(41)은 문헌*단어 매트릭스를 실수의 이차원 배열을 초기화하여(25) 주어진 문헌집단에서 위에서 설명한 전처리방법을 그대로 사용하여 단어를 정제하고 문헌*단어 매트릭스를 생성하는 과정이다. 라인 (42)~(46)은 문헌의 길이가 제각각이기 때문에 평균길이로 정규화시키는 코드이다. createDocumentTermMatrix함수를 실행하고 나면 docTermMatrix라는 이차원 배열 광역변수에 주어진 문헌집단으로부터 문헌*단어 매트릭스가 생성된다. 위에서도 언급한 것처럼 문헌집단의 수를 처리하는 데 필요한 메모리보다 코드를 실행하는 컴퓨터의 메모리의 용량이 작을 때는 문헌*단어 매트릭스를 생성할 수 없음을 주의하자. 이런 경우 메모리를 적게 사용하면서 매트릭스를 생성하는 방법들이 있는데 이런 방법들은 좀 더 복잡한 계산과 설명이 필요하므로 다음 기회에 설명하기로 한다.

```
public void createDocumentTermMatrix(ArrayList<Document> docs,
int noOfVocabularySize)
{
    //number of documents
    docLength = new int[docs.size()]; (1)
```

```
    //creating vocabulary
    HashMap<String, Integer> mapWordToIdx = new HashMap<String,
Integer>(); (2)
    int nextIdx = 0; (3)
    int docId = 0; (4)
    for(Document doc : docs) { (5)

        int count = 0;  (6)
        for(Sentence sent : doc) { (7)
            for(int i=0; i<sent.size(); i++) { (8)
                Token tok = sent.get(i); (9)
                if(tok.isStopword()) continue; (10)

                String lemma = tok.getLemma().toLowerCase(); (11)
                if (!StringUtils.isAlphanumeric(lemma)) continue; (12)
                if(lemma.isEmpty()) continue; (13)
                if(!mapWordToIdx.containsKey(lemma)) { (14)
                        mapWordToIdx.put(lemma, nextIdx++); (15)
                } (16)
                count++; (17)
            }
        }

        docLength[docId++] = count; (18)
    }

    numOfWords = mapWordToIdx.size(); (19)

    //creating word vector
    wordVector = new String[numOfWords]; (20)
    for(String word : mapWordToIdx.keySet()) { (21)
```

```
            int wordIdx = mapWordToIdx.get(word); (22)
            wordVector[wordIdx] = word; (23)
        } (24)

        //creating document term matrix
        docTermMatrix = new double[docs.size()][]; (25)
        for(int docIdx=0; docIdx<docs.size(); docIdx++) (26)
            docTermMatrix[docIdx] = new double[numOfWords]; (27)
            for(int docIdx=0; docIdx<docs.size(); docIdx++) { (28)
                Document doc = docs.get(docIdx); (29)
                for(Sentence sent : doc) (30)
                    for(int i=0; i<sent.size(); i++) { (31)
                            Token tok = sent.get(i); (32)
                            if(tok.isStopword()) continue; (33)
                            String lemma =
tok.getLemma().toLowerCase(); (34)
                            if
(!StringUtils.isAlphanumeric(lemma)) continue; (35)
                            if(lemma.isEmpty()) continue; (36)
                            String word = lemma; (37)
                            int wordIdx = mapWordToIdx.get(word); (38)
                            docTermMatrix[docIdx][wordIdx] =
docTermMatrix[docIdx][wordIdx] + 1; (39)
                    } (40)
            } (41)


//document normalization
for(int docIdx=0; docIdx<docs.size(); docIdx++) { (42)
        for(int wordIdx=0; wordIdx<numOfWords; wordIdx++) { (43)
            docTermMatrix[docIdx][wordIdx] =
```

```
docTermMatrix[docIdx][wordIdx] / docLength[docIdx]; (44)
        } (45)
    } (46)

    System.out.println(docs.size() + " :: " + numOfWords);
}
```

5.2 단어 가중치

단어 가중치 기법은 단순 빈도에 의존한 단어의 중요도를 분석하는 데 단점들을 보완하고자 초기 정보검색론에서 제안되었다(Salton and Buckley, 1988).

TF*IDF

단어 가중치 기법 중 가장 일반적으로 알려진 알고리즘은 TF*IDF이다. TF*IDF는 Term Frequency × Inverse Document Frequency의 약자로써 TF*IDF값은 특정 문서 내에서 단어 빈도가 높을수록, 전체 문서들에는 그 단어를 포함한 문서가 적을수록 TF*IDF값이 높아지는 특징이 있다. 이런 특징으로 인해서 이 값을 이용하여 모든 문서에 나타나는 흔한 단어들을 걸러내며, 특정 단어가 가지는 중요도를 측정하는 데 사용된다.

단어 빈도(TF)

주어진 문서에 대한 단어 빈도는 단순히 그 문서에서 해당 단어가 나타나는 빈도수이다. 문서의 길이가 길면 해당 단어의 실제 중요도와는 상관없이 단어의 빈도수는 증가될 확률이 높다. 일반적으로 특정 문서 d_j에서 단어 t_i의 중요도는 다음과 같이 표준화한다.

$$tf_{i,j} = \frac{n_{i,j}}{\sum_k n_{k,j}}$$

위의 식에서 $n_{i,j}$는 문서 d_j에서 단어 t_i가 나타나는 빈도수이며, 분모는 문서 d_j 내의 모든 단어가 나타나는 빈도수이다.

역문헌 빈도(IDF)

역문헌 빈도는 해당 단어의 일반적인 중요도를 나타내는 값이다. 전체 문서의 수를 해당 단어가 포함된 문서들의 수로 나눈 값에 로그를 취해서 얻을 수 있다.

$$idf_i = \log \frac{|D|}{|\{d_j : t_i \in d_j\}|}$$

위의 식에서 $|D|$는 문헌집단 내의 전체 문서 수이다. $|\{d_j : t_i \in d_j\}|$는 단어 t_i가 등장하는 문서들의 수이다.

TF*IDF 가중치는 단어 빈도와 역문헌 빈도의 곱으로 계산된다.

$$tfidf_{i,j} = tf_{i,j} \cdot idf_i$$

엔트로피

엔트로피(entropy)는 물리학에서 사용되는 개념으로 물리계의 무질서의 정도를 의미한다. 이 개념이 정보이론에 적용될 때는 정보의 불확실성을 의미하는데 불확실성이 높을수록 엔트로피는 커진다(Shannon, 1948). 이러한 정보의 불확실성값을 $h(x)$라고 정의할 때 그 값을 구하는 공식은 다음과 같다.

$$h(x) = -\log_2 p(x)$$

확률 $p(x)$에 로그를 취하는 것은 $p(x)$를 표시할 수 있는 자리 수를 나타내기 위함이다. 음수를 취하는 이유는 확률 $p(x)$가 1보다 작기 때문에 로그를 취하면 음수가 되기 때문에 양수로 만들기 위함이다. 여기에 확률분포에 대한 기댓값을 계산하는 방식으로 $p(x)$를 표시한다면 엔트로피 공식은 다음과 같다.

$$H[x] = -\sum p(x)\log_2 p(x)$$

만일 확률이 $p(x)=1/n$이고 사건이 균등하게 발생한다면 $H(X)$는 $\log_b n$이 된다. 예를 들어, 알파벳(26개)이 균등하게 발생한다면 $H(X)$는 $\log_2 26 \approx 4.7$이 된다.

다른 예를 하나 들어보자. 어떤 사건 '가, 나, 다, 라, 마'가 있다고 가정해보자.

① 각 사건의 발생확률이 각각 1/5, 1/5, 1/5, 1/5, 1/5이라면, 전체 사건에 대한 엔트로피는 다음과 같다.

$-1/5*\log2(1/5) - 1/5*\log2(1/5) - 1/5*\log2(1/5) - 1/5*\log2(1/5)$

$-1/5*\log2(1/5)$

$= 0.464386 + 0.464386 + 0.464386 + 0.464386 + 0.464386$

$= 2.321928$

② 각 사건의 발생확률이 각각 4/10, 2/10, 1/10, 1/10, 2/10이라면, 전체 사건에 대한 엔트로피는 다음과 같다.

$-4/10*\log2(4/10) - 2/10*\log2(2/10) - 1/10*\log2(1/10)$

$-1/10*\log2(1/10) - 2/10*\log2(2/10)$

$= 0.528771238 + 0.464385619 + 0.332192809 + 0.332192809 + 0.464385619$

$= 2.121928095$

따라서 ②가 ①보다 상대적으로 엔트로피가 적다. 다시 말하면 불확실성이 ①보다 ②가 상대적으로 작다는 것이다. 즉 ①의 경우에서는 A, B, C, D 모두에 대하여 각각 동일한 확률이므로 어느 것을 선택하더라도 확률이 같다. 따라서 그 중 하나를 선택할 경우 발생하는 오류 확률은 3/4이 된다. 그러나 ②의 경우에는 사건 A에 대한 확률이 가장 높으므로 A를 선택할 경우 발생하는 오류 확률은 4/8가 된다. 그러므로 ②의 경우가 오류 확률이 더 낮으므로 ①보다 좀 더 가시적이고 덜 불확실하다. 왜냐하면 엔트로피가 낮을수록 확실성은 증가하기 때문이다.

상호 정보량

상호 정보량(mutual information)은 실제로는 매우 심플한 이론이다.

사건 A가 일어날 확률 : P(A) 그리고 사건 B가 일어날 확률 : P(B)이라고 할 때, 사건 A와 사건 B의 상호 정보량은 아래와 같다.

$$MI(A, B) = P(A \cap B) / (P(A) * P(B))$$

위 수식을 말로 쉽게 풀어쓴다면, 사건 A가 일어날 확률과 사건 B가 일어날 확률 중에 사건 A와 B가 동시에 일어날 확률이다.

실제 예를 들어서 설명해 보자. 구글에서 '이명박'을 검색한 문서가 42,000,000개, '박근혜'를 검색한 문서가 58,800,000개, '안철수'를 검색한 문서가 17,400,000개, '이명박, 박근혜'를 검색한 문서가 19,000,000개, '이명박, 안철수'를 검색한 문서가 13,200,000개이다.

'이명박'이 '박근혜'와 '안철수' 중에 누구와 더 연관성이 있는지를 상호 정보량을 계산하여 보자. 확률값을 구하기 위해서 구글에서 '.'(dot)을 검색한 결과 942,000,000개를 전체 문서 수로 보았다. 먼저 P(이명박)=0.04, P(박근혜)=0.06, P(안철수)=0.01을 구한 뒤, 문서에서 동시에 출현한 확률을 구하면 P(이명박∩박근혜)=0.02, P(이명박∩안철수)=0.01이다.

이명박과 박근혜의 상호 정보량은 P(이명박∩박근혜)/(P(이명박)*P(박근혜))
=0.02/0.0024=8.3

이명박과 안철수의 상호 정보량은 P(이명박∩안철수)/(P(이명박)*P(안철수))
=0.01/0.0004=25

그렇다면 이명박은 박근혜보다 안철수와 어떠한 형태로든 더 연관성이 높다고 볼 수 있다. 이것은 어디까지나 예제이다. 실제로는 이명박과 박근혜가 더 연관성이 높아야 할 것이다.

카이제곱

통계학에서 카이제곱 검정은 가장 널리 사용되는 통계 검정 중 하나로서 명목척도를 이용하여 측정된 자료에서 연관성을 찾을 때 통상적으로 카이제곱 검정(chi-square test)을 사용한다. 그리스 문자 카이(chi)는 χ로 쓴다. 그러므로 카이제곱(chi-square)에 대한 표현은 χ^2이다. 여러 가지 형태의 검정이 있지만 모든 검정은 카이제곱 분포(χ^2 distribution)에 근거하고 실제로 관찰된 값과 결과로 기대되는 값 사이의 차이를 찾는 것에 기초한다.

텍스트 마이닝에서 카이제곱은 보통 기계학습에서 자질을 선정하는 방법으로 사용된다. 만약에 텍스트 자동 분류를 할 때 문헌집단에 출현한 모든 단어 중에 중요 단어를 자질로 선정하기 위해서 사용되기도 한다. 예를 들어, 스팸메일 분류 시에 가능한 자질집단은 수집된 이메일에서 발견되는 모든 단어/품사 쌍이 되며, 많은 수의 자질들이 생성된다. 이러한 자질들 중에서는 스팸메일을 예측하는 데! 기여하는 자질이 있기도 하지만 그렇지 않거나 오히려 방해가 되는 자질들도 있다. 이때에 불필요한 자질을 제거하기 위해 카이제곱 통계량을 이용해서 자질을 선택한다. 카이제곱 공식은 다음과 같다.

$$\chi = \sum\left[\frac{(O-E)^2}{E}\right]$$

위의 식에서 O는 관찰된 빈도이고, E는 예상된 빈도이다. 카이제곱은 문헌집단에 출현하는 단어들의 빈도수와 밀접한 관계가 있으며 정규분포를 따르는 모집단에서 크기가 n인 표본을 무작위로 반복하여 추출하였을 때, 각 표본에 대해 구한 표본분산들은 카이제곱 분포를 따른다. 카이제곱 확률변수는 다음과 같이 자유도 $(n-1)$인 카이제곱 분포를 따른다.

$$\chi^2_{n-1} = \frac{(n-1)s^2}{\sigma^2}$$

TF*IDF를 이용한 문헌*단어 매트릭스 생성 예제 코드

아래 예제는 TF*IDF를 이용해서 문헌*단어 매트릭스를 생성하는 기본적인 방법을 소개한다. 이를 위해서 SimpleTFIDFComputer 클래스를 구현하였고 그 메인함수는 다음과 같다. temp.txt라는 샘플 파일을 이용하여(1) SimpleTFIDFComputer 객체를 생성 후(2) 샘플 파일 전처리를 SimpleTFIDFComputer 클래스의 makeDocument함수에서 수행하였다(3). 한글 전처리는 이 장 문헌*단어 매트릭스 생성 코드 설명에서 자세히 다루었다. 라인 (4)는 매트릭스 생성에 많은 컴퓨터 메모리가 요구되고 단어가 많을수록 오랜시간이 소요됨으로써 단어의 개수를 제한한다. 만약 단어의 개수를 제한하지 않는다면 전체 단어 수가 될 것이다. 라인 (5)는 전처리된 문헌열과 단어의 개수를 인수(argument)로 받아 TFIDF 기반 문헌*단어 매트릭스를 생성하는 computeTFIDF함수를 호출한다. computeTFIDF함수는 아래에서 설명한다.

```
public static void main(String[] args) throws Exception
{
    String inputFile = "temp.txt"; (1)
    SimpleTFIDFComputer tfidf_scorer = new SimpleTFIDFComputer();
(2)
    Collection docs = tfidf_scorer.makeDocument(inputFile); (3)

    int noOfFeatures = 200; (4)
    tfidf_scorer.computeTFIDF(docs, noOfFeatures); (5)
}
```

아래 computeTFIDF함수 중 라인 (1)~(31)은 전처리된 문헌집단에서 특정 기준에 따라 단어들을 필터링하여 어휘 리스트를(단어 벡터) 만들고 문헌의 수를 확인하는 코드이다. 라인 (31)~(35)는 단어의 역문헌 빈도 횟수를 구하는 코드이다. 역문헌 빈도 횟수를 구하는 공식은 이 장 전반부에 자세히 설명되어 있다. 라인 (36)~(40)은 역문헌 빈도 순위로 정렬된 단어 맵을(35) 바탕으로 전체 단어열에서 noOfFeatures 정수값으로 제한된 단어의 수만큼만 단어를 남겨두었다. 라인 (41)~(52)는 문헌*단어 매트릭스에서 단어열을 만드는 코드이다. 이를 위해서 2차원 배열을 사용하여서 매트릭스를 생성한다. 라인 (53)은 문헌의 길이가 문헌마다 다르므로 정규화시키는 코드이다. 라인 (54)~(57)은 문헌집단 내의 단어들을 라인 (53)까지의 코드로 처리한 후에 최종적으로 문헌*단어 매트릭스를 생성하는 코드이다.

```
public void computeTFIDF(Collection docs, int noOfFeatures) {
    HashMap<String, Integer> mapWordToIdx = new HashMap<String, 
Integer>();
    int nextIdx = 0; (1)
    for(Document doc : docs) (2)
        for(Sentence sent : doc) (3)
            for(int i=0; i<sent.size(); i++) { (4)
            Token tok = sent.get(i);  (5)
            if(tok.isStopword()) continue; (6)
                String lemma = tok.getLemma().toLowerCase(); (7)

                if(lemma.isEmpty()) continue; (8)
                if(!mapWordToIdx.containsKey(lemma))
                    mapWordToIdx.put(lemma, nextIdx++); (9)
                }

        numOfWords = mapWordToIdx.size(); (10)

        wordVector = new String[numOfWords]; (11)
        for(String word : mapWordToIdx.keySet()) {
            int wordIdx = mapWordToIdx.get(word); (12)
```

```
    wordVector[wordIdx] = word; (13)
}

int[] docCountVector = new int[numOfWords]; (14)
docLength = new int[docs.size()]; (15)
int[] lastDocWordVector = new int[numOfWords]; (16)
for(int wordIdx=0; wordIdx<numOfWords; wordIdx++)
    lastDocWordVector[wordIdx] = -1; (17)
for(int docIdx=0; docIdx<docs.size(); docIdx++) {
    Document doc = docs.get(docIdx); (18)
    int count = 0;
    for(Sentence sent : doc)
        for(int i=0; i<sent.size(); i++) {
            Token tok = sent.get(i);
            if(tok.isStopword()) continue;
            count++;
            String lemma = tok.getLemma().toLowerCase();

            if(lemma.isEmpty()) continue;
            int wordIdx = mapWordToIdx.get(lemma);
            if(lastDocWordVector[wordIdx] < docIdx) {
                lastDocWordVector[wordIdx] = docIdx;
                docCountVector[wordIdx]++;
            }
        }
    docLength[docIdx] = count; (31)
}

//create IDF vector
idfVector = new double[numOfWords]; (31)
Vector<Pair<Double, Integer>> top = new
```

```
Vector<Pair<Double, Integer>>(); (32)
        for(int wordIdx=0; wordIdx<numOfWords; wordIdx++) {
            idfVector[wordIdx] = Math.log10(1 + (double)
docs.size() / docCountVector[wordIdx]); (33)
            top.add(new Pair<Double,
Integer>(-idfVector[wordIdx], wordIdx)); (34)
        }
        Collections.sort(top); (35)

        //limit the number of features
        HashSet<Integer> featureIndex = new HashSet<Integer>();
(36)
        int featureCount = 0; (37)
        for(int i=0; i<numOfWords; i++) {
            featureIndex.add(top.get(i).right); (38)
            featureCount++; (39)
            if(noOfFeatures != -1 && featureCount == noOfFeatures)
break; (40)
        }

        //create TF Matrix
        tfMatrix = new double[docs.size()][]; (41)
        for(int docIdx=0; docIdx<docs.size(); docIdx++)
            tfMatrix[docIdx] = new double[numOfWords]; (42)
        for(int docIdx=0; docIdx<docs.size(); docIdx++) {
            Document doc = docs.get(docIdx); (43)
            for(Sentence sent : doc) (44)
                for(int i=0; i<sent.size(); i++) { (45)
                    Token tok = sent.get(i); (46)
                    if(tok.isStopword()) continue; (47)
                    String lemma = tok.getLemma().toLowerCase(); (48)
```

```
                    if(lemma.isEmpty()) continue; (49)
                    String word = lemma; (50)
                    int wordIdx = mapWordToIdx.get(word); (51)
                    tfMatrix[docIdx][wordIdx] =
tfMatrix[docIdx][wordIdx] + 1; (52)
                }
        }

        //normalization
        for(int docIdx=0; docIdx<docs.size(); docIdx++)
            for(int wordIdx=0; wordIdx<numOfWords; wordIdx++)
                tfMatrix[docIdx][wordIdx] =
tfMatrix[docIdx][wordIdx] / docLength[docIdx]; (53)

        //compute TF IDF Matrix
        tfIdfMatrix = new double[docs.size()][];
        for(int docIdx=0; docIdx<docs.size(); docIdx++)
            tfIdfMatrix[docIdx] = new double[numOfWords]; (54)

        for(int docIdx=0; docIdx<docs.size(); docIdx++) {
            Vector<Double> features = new Vector<Double>();
            for(int wordIdx=0; wordIdx<numOfWords; wordIdx++) {
                tfIdfMatrix[docIdx][wordIdx] =
tfMatrix[docIdx][wordIdx] * idfVector[wordIdx]; (55)
                if(featureIndex.contains(wordIdx))

features.add(tfIdfMatrix[docIdx][wordIdx]); (56)
            }
            docs.get(docIdx).setFeatures(features); (57)
        }
    }
```

06

Chapter

동시출현 단어 분석

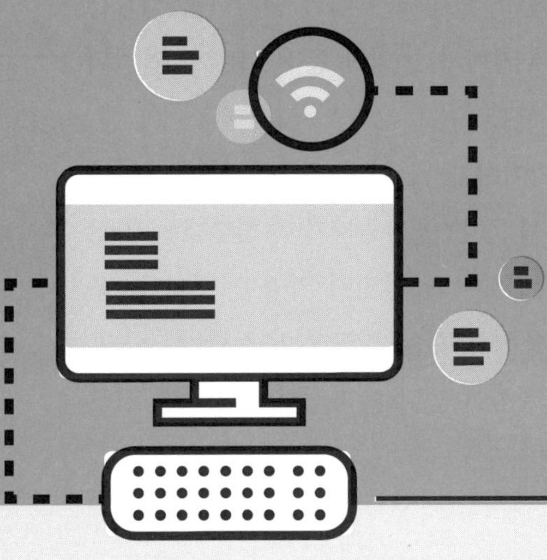

Chapter

06 동시출현 단어 분석

6.1 동시출현 단어 분석의 개요

동시출현 단어 분석(co-word analysis)은 두 개의 단어가 주어진 문헌의 분석 단위 안에서 함께 출현하는 횟수를 기반으로 단언의 연관성 및 문헌집단의 특성을 파악하는 데 사용된다. 동시출현 단어 분석은 다른 용어로 공기(co-occurrence)어 분석이라고 하는데 공기는 두 단어가 같은 문맥에서 함께 나타나는 현상을 포괄하는 용어이다. 따라서 공기어란 같은 문맥 안에서 함께 나타나 서로 밀접한 의미관계를 갖는 단어를 말한다.

공기어를 추출하기 위해서는 먼저 대상어를 선정해야 한다. 대상어는 네트워크 분석을 할 때 연구의 주된 대상으로 삼는 어휘를 말한다. 대상어는 분석 목적에 따라서 결정되는데 빈번하게 사용하는 고빈도 어휘로 선정할 수도 있고, 문헌의 주제를 잘 반영하는 중요한 어휘로 선정할 수도 있다. 공기어 선정에 있어서 전체 문헌에서 선정할지, 각 문장에서 선정할지, 정해진 윈도우 범위 안에서 공기어를 선정할지 결정하는 것은 중요한 문제이다. 대상어와 공기어가 동일한 문맥 안에서 연결되어야 의미 있는 분석으로 이어질 수 있을 것이다.

대상어와 공기어의 관계 척도는 같은 문맥 내에서 두 단어가 우연히 함께 나타날 빈도보다 실제로 함께 나타나는 빈도가 높을수록 강한 공기관계가 성립한다는 가정을 토대로 측정된다. 이때 관계 강도를 위한 다양한 접근방법이 가능할 것이다. 우선 가장 손쉬운 방법은 동시출현 빈도수를 사용해서 관계 강도를 측정할 수 있다. 빈도의 횟수가 높을수록 대상어와 공기어의 관계성이 높다는 가정하에 일정한 기준값(threshold)을 주고 동시출현 횟수가 그 기준값을 넘는 대상어와 공기어 페어(pair)들만 남기고 기준값에 미치지 못하는 페어들은 필터링하는 방법이다.

두 번째 방법은 대상어와 공기어 페어의 관계 강도를 가중치를 부여해서 정하는 방법이 있다. 이 경우에는 두 단어의 의미적 관계성(semantic relatedness)을 구해서 그 의미적 관계성값의 정도에 따라서 대상어와 공기의 관계 척도를 구하는 방법이다. 의미적 관계성을 계산하는 것은 자연어 처리 연구영역 중에 하나의 중요한 임무로 간주되며 개체명 인식(Kliegr et al., 2008), 질의어 확장(Gao et al., 2013), 클러스터링(Matsuo, Sakaki et al., 2006)과 정보검색(Finkelstein et al., 2002) 등 많은 영역에서 근본적인 과정으로 사용될 수 있다.

의미적 관계성 측정은 다양한 방법으로 이루어진다. 첫 번째 방법은 토폴로지 유사성(topological similarity)을 이용하는 것인데, 이때 두 개의 온톨로지 관점에서의 개념들 사이의 토폴로지 유사성을 계산하는 데는 노드를 기준으로 하거나(Resnik, 1995; Lin, 1998; Maguitman et al., 2005; Jiang and Conrath, 1997) 또는 에지(edge)를 기반으로 하는(Pekar and Staab, 2002; Cheng et al., 2004; Wu et al., 2005; Del Pozo et al., 2008) 접근방법이 존재한다.

린(Lin, 1998)의 방법론은 사전이나 온톨로지에서 규정된 개념으로서의 두 단어 사이에 유사성을 기반으로 하며 두 개념의 정보 내용을 포함하는 정규화 요인을 아래의 공식에 반영하여 산출한다.

$$sim_{lin} = \frac{2 \times IC(LCS)}{IC(c_1) + IC(c_2)}$$

이 공식에서 IC는 두 개념 사이의 Least Common Subsumer(LCS) 정보 내용을 의미한다. LCS는 레스닉(Resnik)에 의해서 제안된 방법으로 레스닉에 의해 제시된 가장 기본적인 모형은 'IS-A' 계층에서 두 요소 개념 1(C1)과 개념 2(C2) 사이의 거리를 모두 포함하는 가장 낮은 상위 절점에 의해 결정된다는 것으로, 이때 그 절점을 LCS라 정의한다.

두 번째 방법은 통계적 유사성을 기반으로 하는 방법이다. 대개의 통계적 유사성을 기반으로 하는 경우는 주어진 문헌집단으로부터 학습된 결과를 바탕으로 두 단어 사이의 연관성을 계산하며 이때 문헌집단을 통계적으로 모델링하고 모델을 이용해서 유사도를 유추한다. Latent Semantic Analysis(LSA), Pointwise Mutual Information (PMI), Probabilistic Latent Semantic Analysis(PLSA) 등이 통계적 유사성을 기반으로 하는 대표적 알고리즘이다.

LSA는 Singular Value Decomposition(SVD)를 기본 모델로 한다. SVD는 문헌*단어 매트릭스 A를 3개의 행렬로 분해(Decomposition, SVD의 D)한다.

$$A_{t\times d} = T_{t\times n} \cdot S_{n\times n} \cdot (D_{d\times n}) \cdot T$$

위의 식에서 아래첨자 $t\times d$는 t행 d열의 행렬이라는 뜻이고, 위첨자 T는 전치행렬(transposed matrix)인데, 원래 행렬의 행과 열을 뒤바꿔 놓은 행렬이다. t는 단어 개수, d는 문서 개수, n은 min(t, d)이다. 행렬 A의 SVD를 (각자 구한 라이브러리를 이용하여) 구하면 3개의 행렬이 얻어지게 된다. T는 단어에, D는 문서에 대응되는 행렬이다. 각 단어와 문서는 5차원 공간의 한 점으로 표현되고 있다. 대각행렬 S는 오른쪽 아래로 갈수록 작은 값을 가지는데 5개의 값은 1~5번째 차원의 Scale이다. 더 뒤쪽 차원으로 갈수록 그 Scale이 낮아짐을 의미한다. 위에서 언급한 바와 같이 n의 값 5는 t와 d 중 작은 값이다. 그런데 SVD는 여기서 n보다 훨씬 작은 k 값을 설정해서 그 이상의 차원은 제외하는 방법으로 차원 축소를 한다. LSA는 다양한 분야에서 활용될 수 있고 그 활용방법은 차후에 설명한다.

세 번째 방법은 요즘 주목받고 있는 Word Embeddings를 이용한 방법으로 Word2Vec이 대표적이다. Word2Vec은 2013년 미콜로프(Mikolov)가 이끄는 Google 팀에서 처음으로 제안한 알고리즘이다(Mikolov et al., 2013). Word2Vec은 두 가지의 중요 가정을 기반으로 한다. 첫 번째는 단어의 분포적 가설(distributional hypothesis)인데 분포적 가설이란 한 단어의 의미는 그 단어 주변에 자주 위치하는 단어들로부터 이해될 수 있다는 것이다. 또 다른 가정은 단어의 의미는 단어 벡터 안에 인코딩될 수 있다는 것이다. 이 두 가지 가정을 바탕으로 Word2Vec은 단어를 벡터 형태로 변환해 주는 알고리즘이다. Word2Vec에서는 단순히 단어들이 앞뒤로 서로 같이 나오는지 아닌지의 정보를 문맥으로 가정하고 이를 이용해 학습한다. 따라서 추상적인 단어는 일반적인 단어에 비해서 제대로 된 학습이 어려울 수 있다. 하지만 문헌집단이 충분히 방대하다면 추상적인 단어가 어떤 목적어를 취하는지 그 규칙성을 파악함으로써 추상적 단어 간의 의미관계 학습도 가능할 것이다.

위의 3가지의 대상어와 공기어의 관계 강도를 계산하는 방법을 바탕으로 대상어와 공기어의 관계 강도는 t-점수로 측정할 수 있다. 여기서 t-점수는 대상어와 공기어 사이의 연결 강도를 나타내며, 실제 관측 빈도(observed frequency)와 예상 빈도(expected frequency)의 차이를 기준으로 하여 측정한 값이다. 관측 빈도(O)는 시행에서 대상어와 함께 나오는 공기어의 빈도를 측정하여 구해진다. 예상 빈도(E)는 전체 코퍼스의 빈도, 전체 코퍼스에서 공기어의 빈도, 그리고 대상어가 포함된 시행의 코퍼스 빈도로 측정된다. t-점수를 계산하는 수식은 다음과 같다.

$$t = \frac{O - E}{\sqrt{O}}$$

위의 수식을 이용하여 t-점수를 구한다. 이처럼 t-점수로 의미 있는 관계성을 보여준다고 할 수 있지만, t-점수는 점수 자체보다는 여러 단어들 사이의 연어성의 순서가 중요하다(Manning and Schüze, 1999). 따라서 c-점수를 구한 값 자체보다 측정값에 따른 순서가 더 중요하며, t-점수가 상대적으로 높을수록 대상어와 공기어의 연결 강도가 센 것으로 파악할 수 있다. 대상어와 공기어 사이의 t-점수가 추출되면 Gephi나 Pajek 같은 시각화 프로그램을 이용하여 네트워크를 그린다.

대상어와 공기어가 형성하는 네트워크를 분석하면 그 의미관계를 시각적으로 파악하는 데 효과적이다. 대상어와 공기어가 형성하는 네트워크는 단어의 네트워크이지만, 그것은 개념 네트워크로 확장 해석이 가능하다. 개념 네트워크에 대한 연구는 계량서지학 분야에서 많이 연구되어 왔다.

계량서지학적 기법의 연구들은 저자동시인용이나 동시출현 단어 분석을 통해 특정 학문 분야의 주제적 특징을 분석한다. 코보 등(Cobo et al., 2011)은 동시인용(co-citation)은 지식 구조 분석을 통해서 주요 개념을 분석하며, 동시출현 단어 분석기법은 연구 토픽을 분석하여 주요 개념을 분석한다고 설명하였다.

계량서지학적 방법의 연구는 저자, 저널, 기관, 국가 등 연구를 생산하는 주체를 대상으로 하여 이들의 생산성이나 학술 커뮤니티 안에서의 영향력 등을 분석할 수 있다. 이를 통해 특정 주제 분야를 이끌어나가는 연구주체를 확인할 수 있고, 이들의 동시출현 저자 분석(co-authorship)이나 공저자(collaboration) 패턴을 분석하여 특정 학문 분야의 연구자들의 연구 경향도 분석할 수 있다.

생물정보학 분야를 대상으로 계량서지학적 기법의 연구를 한 선행연구를 살펴보면 파트라와 미시라(Patra & Mishra, 2006)는 'PubMed'에서 16,178개의 논문 데이터를 수집하여 로트카의 법칙(Lotka's law)으로 저자들의 생산 패턴을 분석했는데 70%가 넘는 저자들이 단독출판을 하는 경향을 나타냈고, 브래드포드의 법칙(Bradford's law)으로 핵심 저널(core journal)를 식별하였다. 또한 다양한 국가의 생산성을 분석하였다. 마노하란(Manoharan et al., 2011)은 'Web of Science' 데이터베이스에서 2000~2010년 8,729개의 논문을 수집해서 생물정보학 분야의 주제특성을 저자들의 연구 생산성, 국가별 연구 생산성, 생물정보학 분야의 협업 패턴 분석을 통해서 알아보았다. 논문을 발표한 연구자들의 소속국가는 80개 나라였으며, 미국(USA)의 출판비율이 31.81%로 가장 우세했고, 2위인 중국은 9.65%, 3위는 영국으로 7.38%를 차지하고 있어 이 3개국이 생물정보학 분야의 논문 중 거의 50%를 출판하고 있는 것으로 분석되었다.

특정 국가를 기준으로 생물정보학 분야의 주제분석을 한 연구들도 있다(Guan & Gao, 2008, Molatudi 2009). 관과 가오(Guan & Gao, 2008)는 생물정보학 분야에서의 중국의 연구 성과를 계량서지학적 방법으로 분석하였다. SCI-E 데이터베이스에서 2000~2005년에 출판된 13,401개 논문을 수집하여 다양한 나라의 출판 성과와 비교하는데 미국, 영국, 독일, 일본, 인도가 우세한 성과를 나타냈다. 공저자(co authorship) 특성 또한 분석하였는데 2000년보다 2005년에 연구 대상 모든 나라에서 평균 저자 수가 다 많아져서, 공동연구 경향이 높아진다고 분석하였다.

몰라투디 등(Molatudi et al., 2009)은 남아프리카공화국의 생물정보학(Bioinformatics) 분야의 생산성을 파악하기 위해서 'Web of Science' 데이터베이스의 Science Citation Index Expanded에서 bioinformatics 관련 키워드로 검색해서 1990년부터 2006년까지 227,078개 논문 중 주소 필드가 남아프리카공화국인 808개 논문을 대상으로 분석하였다. 2001~2006년 사이에 66.5% 성장을 보였는데 브라질, 인도, 호주와 같은 국가들과 비교했을 때 그리 대단한 성장률이 아니었음이 나타났다. 10개의 생산성이 높은 나라 분석 1위는 미국, 2위는 독일이며 남아프리카공화국은 34위를 차지했다.

인용 정보를 이용하여 저자, 저널, 기관, 국가의 영향력을 분석한 연구들도 있다. 리셀도르프 등(Leydesdorff et al., 2010)은 'JASIST'와 'JACS(Journal of the American Chemical Society)' 두 개의 저널을 대상으로 하여 저널의 영향력을 분석하였다. 황 등(Huang et al., 2012)은 생물정보학 분야 저널의 인용 패턴을 Web of Science 데이터베이스를 대상으로 분석했다. 글랜젤 등(Glänzel et al., 2009)은 생물정보학 분야의 핵심 문헌들을 대상으로 계량서지학적 분석을 통해 국가 간 출판 성과를 평가하고, 생물정보학의 저자동시인용 분석과 인용 영향력 평가 등을 실시하였다. 스기모토 등(Sugimoto et al., 2008)은 학문 분야 간 연결을 알아보기 위해서 LIS(Library and Information Science)와 MIS(Management Information Systems) 각 분야의 상위 48개 저널의 관계를 각 분야의 저널이 다른 분야 저널을 인용한 횟수로 분석했다. LIS가 MIS에 미치는 영향보다는 MIS가 LIS에 미치는 영향이 더 크고, 두 분야의 상위 저널들은 'technology systems'와 'digital information' 관련 내용을 다룬다는 점이 유사한 점으로 나타났다.

반사드(Bansard, 2007)는 생물정보학 분야와 의학정보학 분야의 연구 간 컨버전스를 파악하기 위해서 계량서지학적 방법을 이용하였다. 각 분야의 핵심 저널 데이터 2000~2005년 치를 대상으로 20개 이상 문헌에 출현한 단어 중 tf*idf 상위 10위 bigram 단어를 대상으로 분석을 했다. 연구 결과 기술적인 방법론은 두 분야가 서로 공유하고 있지만 다른 주제영역은 각기 다른 분야를 다루고 있음을 파악하였다. 페레즈-이라체세타 등(Perez-Iratxeta et al., 2007)은 지난 30년 동안 생의학 분야의 다양한 하위영역들이 어떻게 성장하고 발전했는지를 MeSH 용어와 키워드를 논문 제목과 초록에서 추출하여 분석하였다. 연구 결과 생물정보학 분야가 발전하면서 주제영역이 점점 세분화되고 있으며, molecular sequence 데이터베이스가 학문 발전에 기반이 되고, microarray analysis가 생물정보학 분야의 주요 토픽으로 주목받고 있다고 분석하였다. 생물정보학에 특화된 기술들의 발전으로 생물정보학은 새로운 국면을 맞이하고 있으며, 2000~2003년에 주목받는 주제 분야 분석을 위해서

2000~2003년과 그 이전 시기 동안 'MEDLINE'의 reference에 MeSH 용어와 키워드가 나타나는 횟수가 얼마나 차이가 나는지를 분석했다. 분석 결과 MeSH 용어는 Genimics, Databases, Genetic, Gene expression Profiling이 새롭게 주목받는 용어이고, 키워드는 microarray, microarrays가 상위를 차지했다.

단어의 동시출현은 문헌의 내용을 설명할 수 있는 전제하에 콜온 등(Callon et al., 1991)은 co-word 분석을 처음으로 시도하였다. 딩 등(Ding et al., 2001)은 정보검색 분야의 지적 구조 분석을 위해서 제목과 초록에서 키워드 대상 동시출현 기반 네트워크를 생성하였다. 클러스터링을 이용해 단어 동시출현을 분석한 연구로는 코울터(Coulter et al., 1998), 유영준(2003) 등이 있다. 유영준은 문헌정보학 분야 학술저널 중 '정보관리학회지', '한국도서관 정보학회지', '한국문헌정보학회지'에 실린 1,162편의 국내 논문에 대해서 국회도서관의 국내 학술지 기사 색인 데이터베이스의 색인어를 대상으로 색인어 클러스터링을 하였고, 색인어 표준화 작업을 위해서 ASIS 시소러스(ASIS Thesaurus of Information Science and Librarianship)를 이용하였다. 색인어 군집으로 문헌정보학의 지식 구조를 분석하고자 했으며 클러스터를 계층적으로 표현함으로써 개념 간 계층관계를 설명하려는 시도를 했다. 또한 시계열 분석은 연도별 처음 출현한 색인어의 특징을 발견하여 문헌정보학의 발전과정과 주제영역 간의 관계를 규명하고자 하였다. 이 연구에서도 개념 간 관계는 계층관계 분석만을 시도하였다.

학문 분야 주제 분석 초기에는 특정 학문 분야의 저자 출판량, 저널 출판량, 색인어의 출현 빈도 등 데이터를 계량적으로 분석하는 데 그쳤고 이후 제목이나 초록에 나오는 단어, 키워드나 색인어를 기반으로 하여 내용 분석을 함께 시도하였다. 대부분의 인용 분석연구는 Web of Science에서 제공하는 인용 정보를 이용하여 동시인용이나 서지결합법을 통해 저자나 저널의 시기별 영향력 분석을 위주로 하였다. 이들 연구의 특징은 대부분 저자나 저널, 기관, 국가 등 거시적 수준의 분석에 초점을 두었다는 것이다.

송과 김(Song and Kim, 2013a)은 PubMed Central의 원문을 대상으로 인용 정보를 추출하여 인용관계를 파악할 수 있는 데이터베이스를 구축하고 이를 토대로 생물정보학 분야의 기본적인 특징들을 분석하였다. 이 연구는 Web of Science에서 제공하는 인용 정보가 아닌 PubMed Central에서 직접 인용 정보를 추출하였다는 데 의미가 있다. 2000년부터 2010년까지 47개의 생물정보학 분야 저널 데이터를 대상으로 한 연구 결과는 다음과 같다. 첫째, 생물정보학 분야의 문헌들은 생물정보학 분야의 문헌을 별로 인용하지 않았다. 전체 문헌집단에서 63%의 문헌은 2번 이하의 인용을 받는 것에 그쳤다. 둘째, 2003년을 기점으로 출판량이 급증하였다. 셋째, 대부분의 생물정보학 분야의 연구자들은 미국의 기관 소속이었으며, 유럽 기관이 그 다음 순위를 차지했다. 넷째, 문헌에 부여되어 있는 MeSH 용어의 출현 빈도를 분석한 결과 상위 10개 용어는 Animals, Humans, Computational biology, Algorithms, Gene expression profiling, Oligonucleotide array sequence analysis, Software, Molecular sequence data, Models(biological), Computer simulation로 컴퓨터 관련 용어가 생물학 관련 용어보다 더 많이 나타났다. 다섯째, PageRank값에 따른 상위 10개 문헌도 정보전산학 분야 관련 논문들이 더 많았다. 여섯째, 토픽 모델링과 단어 동시출현 분석 결과는 생물학 분야가 더 우세했다.

생물정보학 분야의 생산성과 영향력 분석을 위해 계량정보학적 방법론을 이용한 연구(Song et al., 2014b)는 PubMed Central에서 제공하는 생물정보학 분야 저널 원문을 대상으로 2000년부터 2011년까지의 데이터를 3시기(2000~2003년, 2004~2007년, 2008~2011년)로 나누어서 분석하였다. 3시기로 나눈 이유는 저자들의 영향력 분석을 위해 인용 분석을 하기 위해 시기별로 충분한 데이터가 필요했기 때문이다. 생산성을 파악하기 위해서 저자, 기관, 국가의 출판량과 색인어의 출현 빈도를 분석하였다. 영향력을 파악하기 위해서는 인용을 많이 받은 저자와 문헌을 분석하였고, 시기별 저자들의 인용 빈도 분석을 통해 새롭게 주목받는 저자가 누구인지 살펴보고, 시기별 선두 저널 및 콘퍼런스도 분석하였다. 연구 결과 전체적인 경향을 살펴보면 1시기와 2시기는 서로 다른 양상을 보였고, 2시기와 3시기는 유사한 패턴을 나타내는 것으로 분석되었다.

6.2 동시출현 단어 분석 코딩 예제

다음의 예제는 SimpleCooccurrenceManager 클래스에 구현된 함수인 computeCooccurrence에 포함된 내용이다. 다음의 방법은 단순 동시출현 빈도를 기반으로 대상어와 공기어의 출현 빈도를 문장 단위로 계산하고 그 결과를 파일에 저장하는 코드이다. 이를 위해 전처리를 Stanford CoreNLP를 사용하였고 불용어를 제거하였다. 다음 코드 예제에서 (1)라인은 이 책에서 제공하는 yTextMiner 툴의 기본 구성 요소 중 하나인 Collection 클래스에 문헌집단을 문헌열로 변환해서 입력값(input)으로 받는다. 이후 문헌열은 for문을 이용해 문헌별로 출력한다(yTextMiner에서는 Document 클래스가 문헌을 표현한다)(2)~(3). (4)라인은 전처리를 위한 핵심적인 코드로 전처리 모드(mode), 한글 형태소 분석기인 Komoran을 이용할지 여부(isKomoran) 그리고 전처리에 필요한 모델들을 메모리에 생성하기 위한 파이프라인(pipe), 이 세 개의 인수(argument)를 필요로 한다. 모드의 경우 영어와 한글 처리가 가능하며 한글은 'ko' 영어는 'en'으로 표기한다. (5)~(6)라인은 전처리 후 각 문헌이 문장의 합으로 변화되어 저장되는데 이는 Document 클래스가 문장(Sentence) 클래스열로 표현된 것을 for문을 사용해서 문장 객체를 처리하는 코드이다. (7)~(8)라인과 (11)~(12)라인은 yTextMiner에서 문장 클래스가 Token 클래스의 열로 이루어져 있음을 보여주고 있고 Token열에서 for문을 이용해서 Token을 처리한다. for문을 두 개 사용하는 이유는 행렬의 형식을 이용해서 두 단어의 동시출현 횟수를 계산하기 위함이다. 라인 (13)은 해당 단어가 불용어인지 확인하고 불용어일 경우 다음 단어로 건너뛰는 코드이다. 라인 (14)는 해당 단어의 품사가 명사일 경우만 동시출현 횟수 계산을 위해서 다음 단계로 가고 그렇지 않다면 다음 단어로 건너뛰는 코드이다. 라인 (15)~(16)은 각 문장에서 두 단어들이 원형 형태의 경우에 같은 단어가 아니라면 두 단어를 Pair 클래스의 왼쪽과 오른쪽에 위치하도록 하여 하나의 Pair를 생성하는 코드이다. 라인 (17)~(20)은 Pair 객체를 키로 하고 그 Pair 객체의 출현 빈도를 value값으로 하는 HashMap에 Pair를 저장하는 코드이다. 이 코드가 두 단어의 동시출현 빈도를 전체 문헌집단을 대상으로 계산하게 된다.

라인 (21)~(33)까지는 전체 문헌집단에서 구한 두 단어의 동시출현 빈도를 파일에 기록하는 코드인데 Key값으로 정렬한다. 만약에 value값, 즉 출현 빈도로 정렬해서 출력하기를 원한다면 coWordMap HashMap을 middleware.jar에서 제공하는 SortByValueMap 클래스의 sortMapByValue함수를 이용해서 value값으로 정렬할 수 있다.

```
Collection collection = new Collection(docs); (1)
for(int i=0; i<collection.size(); i++) { (2)
    Document document = collection.get(i); (3)
    document.preprocess(mode,isKomoran,pipe); (4)
    System.out.println("Document " + i);

    for (int j = 0; j < document.size(); ++j) { (5)
        Sentence sentence = document.get(j); (6)
        for (int k = 0; k < sentence.size(); ++k) { (7)
            Token token1 = sentence.get(k); (8)
            if (token1.isStopword()) continue; (9)
            if (!token1.getPOS().startsWith("N")) continue; (10)
            for (int l = k+1; l < sentence.size(); ++l) { (11)
                Token token2 = sentence.get(l); (12)
                if (token2.isStopword()) continue; (13)
                if (!token2.getPOS().startsWith("N")) continue;
(14)
                if (!token1.getLemma().equals(token2.getLemma()))
{ (15)
                        Pair pair = Pair.of(token1.getLemma(),
token2.getLemma()); (16)

                        if (!coWordMap.containsKey(pair)) {
coWordMap.put(pair, 1); (17)
```

```
                         } else { (18)

coWordMap.put(pair, coWordMap.get(pair)+1); (19)
                         } (20)
                     }
                 }
             }
         }
     }

File field_file = new File("co_word_map_results.txt"); (21)
FileWriter fstream = new FileWriter(field_file); (22)
BufferedWriter out = new BufferedWriter(fstream); (23)
try { (24)
    for (Map.Entry<Pair<String,String>, Integer> entry :
coWordMap.entrySet()) { (25)
        Pair pair = entry.getKey(); (26)
        Integer frequency = entry.getValue(); (27)
        out.write(pair.getLeft() + "\t" + pair.getRight() + "\t" +
frequency + "\n"); (28)
    } (29)
    out.close(); (30)
} catch (Exception e) { (31)
    e.printStackTrace(); (32)
} (33)
```

07

Chapter

토픽 모델링

Chapter

07 토픽 모델링

7.1 토픽 모델링의 개요

토픽 모델링(Topic Modeling)은 구조화되지 않은 방대한 문헌집단에서 주제를 찾아내기 위한 알고리즘으로, 맥락과 관련된 단서들을 이용하여 유사한 의미를 가진 단어들을 클러스터링하는 방식으로 주제를 추론하는 모델이다(Steyvers and Griffiths 2007; Blei 2012). 이러한 특징 때문에 토픽 모델링은 문헌들을 연구 자료로 사용하는 다양한 분야의 연구에서 분석 도구로 사용되어 왔다.

토픽 모델링은 문헌 모델링과 문헌집단 모델링을 위한 기법으로 Generative Model 중의 일종이다. Generative Model이란 어떤 확률분포와 그 파라미터가 있다고 할 때, 그로부터 랜덤 프로세스에 따라 데이터를 생성하는 관점의 모델이다. 문헌 모델링의 관점에서 보면, 문헌의 주제분포와 각 주제별로 특정 단어를 생성할 확률을 구할 수 있다면, 특정 문헌이 생성될 확률을 계산할 수 있게 된다.

그리피스와 스타이버스(Griffiths and Steyvers, 2004)는 토픽 모델링을 통해, 미국 국립과학원회보(PNAS)에 실린 1991년부터 2001년 사이의 논문들의 초록에서 주제를 추출한 후 시기별로 각광받는 주제와 소멸되는 주제를 파악하였다. 뉴먼과 블록(Newman and Block, 2006)은 초기 미국 사회와 출판 문화의 이해를 위해, 토픽 모델링을 이용하여 18세기 신문 텍스트에서 주제를 추출하고, 각각의 주제들이 시간의 흐름에 따라 어떻게 변하는지를 분석하였다. 게리시와 블라이(Gerrish and Blei, 2010)는 동적 토픽 모델(dynamic topic model)을 이용하여 논문 코퍼스에서 시간의 흐름에 따른 주제들의 내용 변화를 파악하여 이를 개별 문헌의 영향력을 측정하는 데 적용하였다. 그리머(Grimmer, 2010)는 미 상원의원들의 보도 자료에서 의원들이 강조하는 어젠다를 추출하는 데 토픽 모델링을 이용하여, 입법자들이 유권자들에게 어떤 방식으로 그들의 업무를 홍보하는지를 분석하였다. 송과 김(Song and Kim, 2012)은 생물정보학 분야의 논문 자료에서 주제를 추출하여 해당 학문 분야의 지적 구조를 분석하고 하위 분야에 대한 연구 경향을 살펴보았다.

뉴스, 블로그, 웹페이지, 기사, 책, 이미지, 비디오 등의 형태로 집단지성이 디지털화되고 저장되면서 사람들이 찾고자 하는 것을 발견하고 찾는 것이 어려워졌다. 방대한 양의 정보를 관리하고, 검색하고, 이해를 돕기 위한 새로운 도구가 필요해졌고, 이에 등장한 것이 토픽 모델링이다. 토픽 모델링은 구조화되지 않은 대량의 텍스트로부터 숨겨져 있는 주제 구조를 발견하기 위한 통계적 추론 알고리즘이다. 토픽 모델링은 대량의 데이터를 분석할 수 있고, 유전자 정보, 이미지, 소셜 네트워크 등의 다양한 유형의 데이터에 적용하여 패턴을 찾을 수 있다(Blei 2012).

7.2 LDA(Latent Dirichlet Allocation)

LDA(Latent Dirichlet Allocation)는 이러한 토픽 모델링 기법 중 텍스트 마이닝 분석에서 가장 많이 활용되고 있는 문헌 생성 모델(generative probabilistic model)이다. LDA는 이전 확률 모델인 pLSA(probabilistic Latent Semantic Analysis)를 수정하여 개발된 것으로 선형 대수적인 도구(singular value decomposition)를 사용해서 단어와 개념 사이의 관계를 파악하는 기법인 LSI(Latent Semantic Index)에서 발전된 것이다. 문헌 생성 모델이란 문헌의 주제분포와 각 주제별로 특정 단어를 생성할 확률을 알고 있으면 특정 문헌이 만들어질 확률을 계산할 수 있다고 가정한다. LDA는 이러한 생성 모델의 방향성과 반대로 이미 관찰된 변수(observed variable)를 통해 각각의 확률을 계산하여 토픽을 생성하는 사후 추론방법이다. [그림 7-1]은 LDA를 그래프 모델로 표현한 것이다.

그림 7-1 | LDA의 그래프 모델

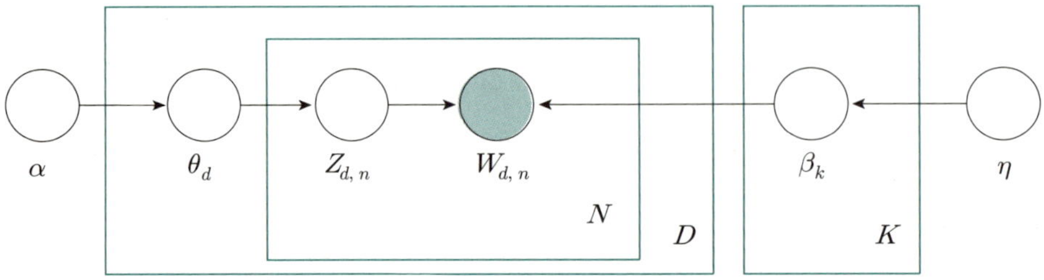

1. Choose $N \sim$ Poisson(ξ)
2. Choose $\theta \sim$ Dir(α)
3. For each of the N words w_n:
   (a) Choose a topic $z_n \sim$ Multinomial(θ)
   (b) Choose a word w_n from $p(w_n | z_n, \beta)$, a multinomial probability conditioned on the topic z_n

출처 : Blei 2012, 81

여기서 α와 β는 코퍼스 단위로 정해지는 값이고, N과 θ는 문서 단위로 정해지는 값이다. β는 각 주제별로 특정 단어가 생성될 확률이 담긴 테이블(2차원 매트릭스)이며, N은 문서의 길이, θ는 해당 문서에서 각 주제의 가중치를 나타낸다(θ의 각 엔트리값을 합치면 1이 된다.) z_i는 문서의 i번째 단어에 대한 주제 벡터(하나의 엔트리만 1이고 나머지는 0)이다. 이 모델에서 주제의 개수는 k로 고정되어 있으며, 따라서 θ와 z_i는 길이가 k인 벡터이다.

문헌별 주제분포(per-document topic proportions, θ), 단어별 토픽 할당(per-word topic assignment, Z), 주제(topic, β)는 추론하고자 하는 잠재 구조(hidden structure)이며, α와 η은 각각 문헌별 주제분포인 θ값과 주제인 β값을 결정하는 파라미터이다. 단어별 주제인 Z는 문헌별 주제분포인 θ값에 따라 결정되고, Z값과 β값에 따라 단어(W)가 결정된다. 문헌의 주제 혹은 레이블링된 주제와 키워드 등을 대상으로 사전학습과정 없이 문헌 속에서 확률 및 추론을 통해 숨겨진 주제 구조를 찾는 것이 LDA 기반 토픽 모델링의 특징이다(Blei, Ng and Jordan, 2003; Blei, 2012).

이런 방법으로 문서 내용을 성공적으로 모델링할 수 있다면 이미 존재하는 문서의 파라미터 θ를 찾아낼 수 있을 것이다. 문헌 D1과 D2가 있을 때, 주제는 비슷하더라도 각 문서에 등장하는 단어의 종류나 빈도는 다를 수 있기 때문에 단순한 키워드 기반의 모델로는 유사도를 계산하거나 주제 분류를 하는 데에 한계가 있다. 그러나 이미 보유한 많은 텍스트에 기초하여 α와 β를 알아 두고, 개별 문서의 θ를 계산할 수 있다면, 이 θ를 가지고 유사도 계산이나 분류 작업을 훨씬 정교하게 수행할 수 있다.

Latent Dirichlet Allocation이란 용어를 자세히 들여다보면 Latent는 사전적인 의미로는 '잠재적인, 숨어 있는'이라는 뜻을 가지고 있다. 토픽 모델링의 관점에서 보면 우리에게 보여지는 부분은 문서 내용뿐이며. α, β, θ, z는 모두 감춰진 파라미터이다. Dirichlet는 19세기 독일 수학자의 이름으로 디리클레분포(Dirichlet distribution)는 그의 이름을 따라 명명되었다. θ를 결정할 때 α를 파라미터로써 디리클레분포를 사용한다. Allocation은 각 단어를 결정할 때, θ에 대한 다항분포(multinomial distribution)로 주제를 '할당'한 뒤 그 주제로부터 단어를 추출하게 된다.

7.3 토픽 모델의 개요

토픽 모델은 문헌(document) 혹은 문헌집단(document collection)이 생성되는 과정을 모델링한 문헌 생성 모델이다. 이는 문헌을 다양한 주제(topic)가 혼합되어 표현된 것으로 보며, 이때 각각의 주제는 여러 용어(term or word)의 확률분포로 표현된다(Blei et al., 2003). 바꾸어 말하면 문헌의 첫 용어는 여러 주제들로부터 하나의 주제가 선택된 후, 선택된 주제를 표현하는 여러 용어들 중 하나가 선택된 것이며, 이 과정이 반복되어 하나의 전체 문헌이 생성된다는 것이다. 이 과정을 그림으로 표현하면 [그림 7-2]와 같다.

[그림 7-2]는 금전(TOPIC 1)과 강(TOPIC 2)의 두 개의 주제로부터 세 개의 문헌이 생성되는 과정을 간략히 표현한 것이다. 그림의 좌측의 원통은 각각 주제 1과 주제 2의 용어 리스트이고, 우측은 이들 주제로부터 생성되는 3개의 문헌이며, 문헌에 출현하는 용어의 등번호(예를 들어, $money^1$과 $bank^2$)는 용어가 선택된 주제의 번호를 의미한다. 중앙의 화살표는 문헌 생성 시 선택되는 주제를 의미하며, 숫자는 각

그림 7-2 | 문헌 생성 모델

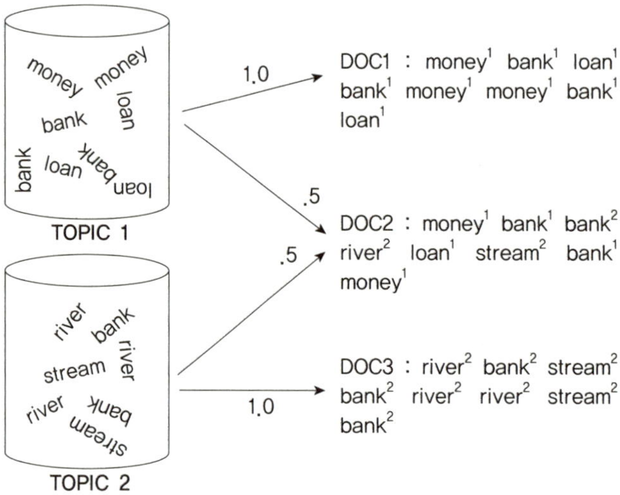

주제가 선택될 확률을 의미한다. 그림에서 문헌 1은 주제 1로부터, 문헌 3의 경우 주제 2로부터 각각 용어들이 선택되어 생성되며, 문헌 2의 경우 주제 1, 2로부터 같은 확률로 용어들이 선택되어 두 개의 주제가 혼합된 문헌이 생성되었음을 나타낸다. 여기서 눈여겨 보아야 할 것은 'bank'라는 용어의 경우이다. 이 용어는 주제 1에서는 '은행'의 의미를 가지며, 주제 2에서는 '제방'의 의미를 갖는 다의어(polysemy)이다. 토픽 모델에서는 이 같은 여러 개의 의미를 가지는 용어를 구분하는 것이 가능하다. 따라서 기존의 벡터 공간 모델(vector space model)이 갖는 동형이의어나 동의어, 약어 등의 언어학적인 처리에서의 어려움을 어느 정도 해결할 수 있다는 장점이 있다.

[그림 7-3]은 현실적인 상황에서의 토픽 모델의 문제점을 나타낸다. [그림 7-2]와 달리 현실적으로 주제 1과 주제 2의 확률분포를 미리 알 수는 없다. 즉 [그림 7-3]과 같이 주어진 문헌집단이 있을 때 문헌 내에서의 용어의 분포는 알 수 있지만, 주제들의 용어분포는 사전에 알 수 없다. 따라서 직접 관찰할 수 있는 문헌집단 내 각 문헌들의 용어분포들로부터 주제의 용어분포를 추정하는 과정이 필요하다. 이를 위해 제안된 것이 잠재 디리클레 할당(Latent Dirichlet Allocation : LDA) 기법이다.

그림 7-3 | 문헌으로부터의 통계적 추론

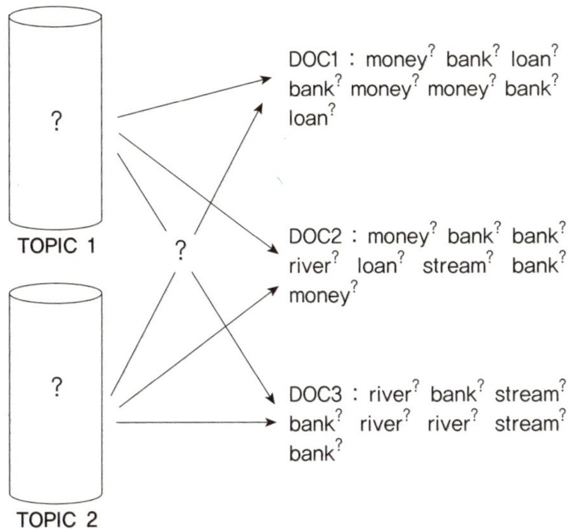

7.4 잠재 디리클레 할당(LDA)

잠재 디리클레 할당(이하, LDA로 표기)은 확률 잠재의미색인(Probabilistic Latent Semantic Index : pLSI) 기법이 발전된 문헌 모델이다. LSI는 개념 색인(concept indexing) 기법으로 요인분석 기법의 일종인 특이치 분해(Singular Value Decomposition : SVD)방법을 이용하여 용어-문헌 행렬(word-document matrix)의 차원을 축소하는 방법으로 문헌을 표현한다(Deerwester et al., 1990). 이 축소된 차원은 각각의 용어가 아닌 개념으로 볼 수 있으며, 기존의 동형이의어나 다의어와 같은 기존 통계 기법을 사용한 문헌 표현 모델의 문제를 어느 정도 해결하였다. 이 LSI에 확률 모델을 추가한 것이 pLSI 모델이다. pLSI는 토픽 모델의 하나로 문헌 내 출현하는 각각의 용어는 '주제(topic)'로 표현되는 다항분포를 이루는 임의의 변수들의 혼합(mixture)으로 보며, 각 용어는 특정 주제로부터 생성된다고 가정하고 각 문헌은 이러한 고정된 수의 주제들의 확률분포로 표현될 수 있다(Hofmann, 1999). 그러나 pLSI는 전체 문헌집단에서 산출되어, 문헌 수준에서의 확률 모델은 제공하지 못한다는 한계가 존재한다(Blei et al., 2003). 이러한 한계를 극복하고자 제시된 모델이 LDA이다. [그림 7-4]는 LSA와 토픽 모델을 용어-문헌 매트릭스(matrix) 형태로 개념화한 것으로 두 기법 모두 고차원의 매트릭스를 저차원으로 표현했다는 것을 알 수 있다.

그림 7-4 LSI와 LDA의 비교

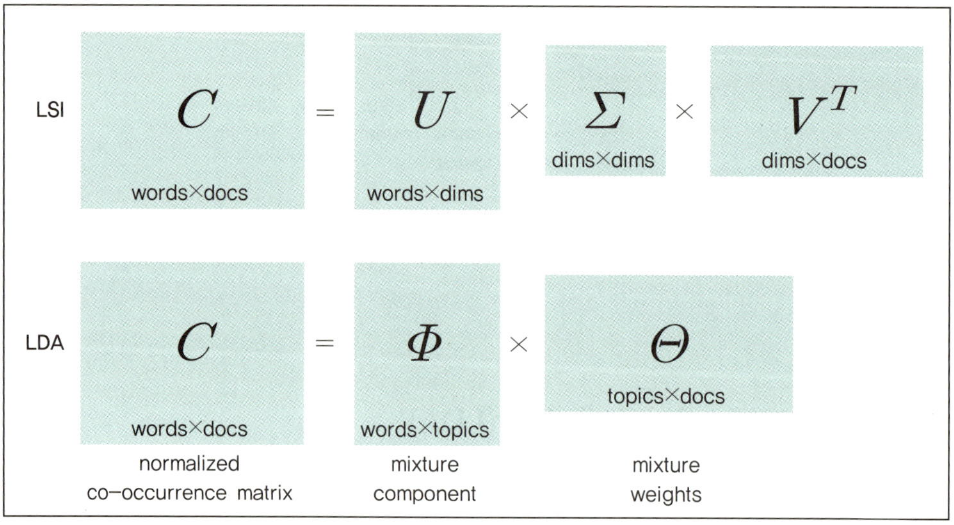

LDA 기법에서는 문헌을 다양한 주제(topic)의 혼합으로 가정하며, 이러한 각 주제들은 다시 문헌집단 단위에서 추론가능한 용어의 확률분포로 표현할 수 있다. LSI와는 다르게 문헌 단위에서 각 주제들의 분포로 문헌을 표현하며, 이를 문헌 생성 모델이라고 한다. 하나의 문헌을 생성하기 위해서 문헌의 앞에서부터 용어를 선택한다고 가정하여 아래와 같이 세 단계로 문헌이 생성된다.

그림 7-5 | 잠재 디리클레 할당(LDA)에서의 문헌 생성과정

1. Choose $N \sim Poisson(\xi)$
2. Choose $\theta \sim Dir(\alpha)$
3. For each word in document:
   (i) Choose a topic $z_n \sim Multinominal(\theta)$
   (ii) Choose a word $w_n \sim Multinominal(\beta)$

[그림 7-5]의 잠재 디리클레 할당에서의 문헌 생성과정에서 첫 번째 단계에서 N은 문헌의 길이를 의미하며, $Poisson()$은 포아송분포를 의미한다. 즉 포아송분포로부터 임의의 문헌 길이 N을 선택한다. 두 번째 단계에서 θ는 주제분포를 의미하며, $Dir()$는 디리클레분포를 의미한다. 여기에서 α는 문헌집단 내에서 정해지는 변수로 학습을 통해 추정된다. 즉 두 번째 단계에서는 α를 매개변수로 한 디리클레분포로부터 주제분포 θ를 선택한다. 세 번째 단계에서는 하나의 문헌이 생성되는 과정을 뜻하는 것으로 어떤 문헌에 대해 주제 벡터인 θ가 매개변수일 때, 앞에서부터 단어를 하나씩 채울 때마다 θ로부터 하나의 주제(z_i)를 선택하고(3. (i)), 다시 그 주제로부터 단어를 선택하는(3. (ii)) 과정이 반복되어 문헌이 생성된다. β는 각 주제별로 특정 단어가 생성될 확률이 담긴 2차원 매트릭스(matrix)이며, N은 문헌의 길이, θ는 해당 문헌에서 각 주제의 가중치를 나타내며, 주제의 수를 K로 고정시켰을 때, θ와 z_i는 길이가 K인 벡터이다. α와 β는 문헌집단 내에서 정해지는 변수이고, N과 θ는 문헌 내에서 정해지는 변수이다.

α는 문헌 내 주제분포 θ를 추정하기 위한 매개변수로 문헌 내에서 특정 주제가 할당될 사전 확률(prior probability)로 이해할 수 있으며 따라서 주제의 수 K 길이의 벡터가 된다. 그러나 일반적으로 모든 주제가 같은 확률로 할당된다고 가정하고 단일의 값을 사용한다. β는 주제-용어분포, 즉 각 용어가 각 주제에 할당될 확률을 의미하는 ϕ를 추정하기 위한 매개변수이며, 각 용어가 특정 주제에 할당될 사전 확률로 이해할 수 있고 단일한 값을 사용한다(Blei et al., 2003; Steyvers and Griffiths, 2004).

그림 7-6 | LDA의 플레이트 모형

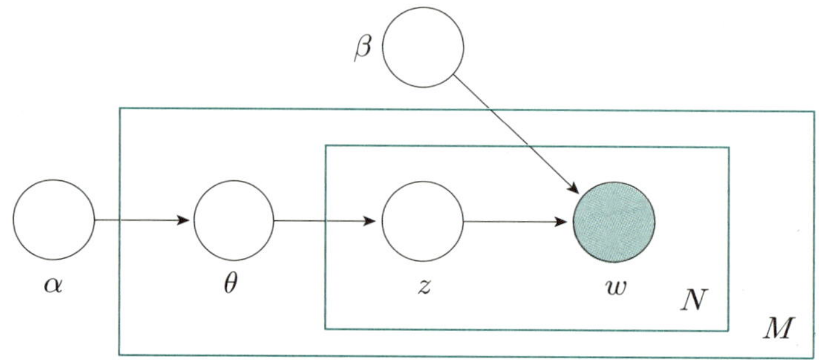

출처 : Blei et al., 2003

이 과정을 좀 더 쉽게 그림으로 표현한 것이 [그림 7-6]의 LDA의 플레이트 모형이다. 모형에서 흰색 원은 직접 관찰할 수 없는 잠재변수(latent variable)들이며, 색으로 된 원은 문헌에서 직접 관찰할 수 있는 문헌에 출현하는 단어들을 의미한다. 사각형 박스는 반복됨을 의미하며, N은 문헌의 길이를 M은 문헌의 수를 의미하며, 화살표는 조건 종속을 뜻한다. α와 β는 문헌집단에서 결정되므로 학습을 통해 추정할 수 있으며, LDA에서 가장 중요한 과정은 θ와 z를 추정하는 것이다. 이를 위한 다양한 기법들이 소개되어 있으며 일반적으로 가장 많이 사용하는 기법으로 Variational Inference, Gibbs Sampling 등이 있다.

7.5 잠재변수의 추정

앞서 설명한 바와 같이 LDA에서 중요한 과정은 [그림 7-6]에서 흰색 원으로 표시된 문헌에서 직접 관찰되지 않는 잠재변수를 추정하는 것이다. 이를 위해 사용되는 추정 기법 중 대표적인 것이 Variational Inference와 Gibbs Sampling이다.

Variational Inference

Variational Inference는 블라이 등(Blei et. al., 2003)이 제안한 LDA에서의 잠재변수 추정 기법으로 원래의 디리클레분포를 변분분포(variational distribution)로 표현하고 이 두 분포 사이의 거리를 의미하는 KL(Kullback-Leibler) divergence를 최소화하는 잠재변수를 산출하는 알고리즘이다. 문헌집단 내에서 변수인 α와 β가 고정되고, 주어진 문헌에 출현하는 용어 w가 있을 때, θ와 z의 조건 확률은 아래 수식과 같이 표현될 수 있다.

$$p(\theta, z | w, \alpha, \beta) = \frac{p(\theta, z, w | \alpha, \beta)}{p(w | \alpha, \beta)} \quad (1)$$

그러나 일반적으로 위의 수식 중 분모를 계산하는 것이 불가능하다고 한다(Dickey, 1983 재인용). 따라서 [그림 7-6]의 LDA 플레이트 모형을 다음 [그림 7-7]과 같이 단순화한 모형으로 대체하여 표현하며, 이 모형에 맞추어 수식 (1)을 새롭게 표현하면 θ와 z를 추정하는 수식 (2)와 같다(Blei et al., 2003). 수식에서 q는 변분분포를 의미하며 ϕ_n는 n번째 단어의 주제분포를, z_n은 n번째 단어의 주제를 의미한다. 또한 γ는 디리클레 매개변수이며, θ는 앞선 [그림 7-6]과 같이 주제 벡터를 의미한다.

$$q(\theta, z | \gamma, \phi) = q(\theta | \gamma) \prod_{n=1}^{N} q(z_n | \phi_n) \quad (2)$$

이 수식을 계산하기 위해 KL divergence를 최소화하기 위한 ϕ와 γ를 산출하는 과정은 블라이 등(2003)의 논문 부록에 상세히 설명되어 있다. 이렇게 ϕ와 γ를 계산한 후, 다시 이 값들과 관찰된 문서를 이용해서 α와 β를 추정하게 된다. 이는 EM(Expectation-Maximization) 알고리즘을 사용한다.

그림 7-7 | 단순화한 LDA 모형

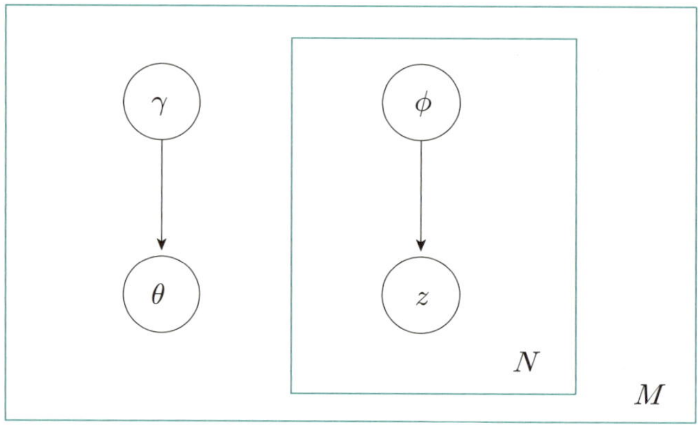

출처 : Blei et al., 2003

깁스 샘플링

깁스 샘플링(Gibbs Sampling : GS)은 LDA에서 주제분포(topic distribution)와 주제-단어분포(topic-word distribution)를 산출하기 위한 또 하나의 기법으로 마르코프체인 몬테카를로(Markov chain Monte Carlo : McMC)의 한 종류이다(Steyver and Griffiths, 2007; Blei, 2012.). McMC는 여러 분포 혹은 고차원의 분포로부터 특정값들을 무작위 추출(sampling)을 통해 추정값을 산출하기 위한 일련의 방법론을 의미한다(Gilks, Richardson & Spiegelhalter, 1996). GS를 통해 저차원(lower-dimension)분포로부터 반복적인 샘플링을 통해 고차원(high-dimension)분포와 유사한 수치들의 집합을 찾아낸다. Variational Inference가 ϕ와 θ를 직접 추론하는데 반해, GS는 문헌에 출현하는 단어의 주제할당(z)의 사후추론을 통해 추정하게 된다(Steyver & Griffiths, 2007).

문헌집단에 출현하는 각각의 i번째 단어로부터 각각 단어를 w_i로, 단어가 출현하는 문헌을 d_i로 표현했을 때, 해당 단어가 특정 주제 z_j에 할당될 확률을 수식 (3)과 같이 표현할 수 있다(Griffiths & Steyvers, 2004).

$$P(z_i = j | z_{-j}, w_i, d_i, \bullet) \propto \frac{C_{w_i j}^{WT} + \beta}{\sum_{w=1}^{W} C_{w_i j}^{WT} + W\beta} \frac{C_{d_i j}^{DT} + \alpha}{\sum_{t=1}^{T} C_{d_i t}^{DT} + W\alpha} \quad (3)$$

수식에서 z_i는 i번째 단어 w_i의 주제를 의미하며 $z_i = j$는 w_i가 주제 j에 할당되었음을 의미한다. 여기에서 z_{-j}는 모든 다른 단어들의 주제할당을, '•'는 모든 다른 단어들과 문헌들의 관찰된 정보들을 의미한다. 또한 W, D, T는 각각 전체 용어의 수, 문헌의 수, 주제의 수를 뜻하며, C_{wj}^{WT}는 단어 w_i가 주제 j에 할당된 횟수를 C_{dj}^{DT}는 문헌 d에 출현하는 다른 단어들이 주제 j에 할당된 수를 의미한다. 즉 식 (3) 우변의 좌측 부분은 주제 j에 할당된 전체 단어 중 i번째 단어가 주제 j일 확률을 의미하며, 수식의 우측 부분은 w_i가 속한 문헌의 다른 단어가 주제 j일 확률을 의미한다. 예를 들어, 전체 문헌집단에 20개의 단어가 존재한다고 가정했을 때 i번째 단어가 주제 j_1에 15번 할당되고 j_2에 5번 할당된다면 해당 단어 i의 j_1이 될 확률이 더 크며, i번째 단어가 속한 문헌에 10개의 단어가 존재한다고 가정하면 단어 i를 제외한 다른 단어 중 7개가 j_1에 할당되었고 2개가 j_2에 할당된다면 i번째 단어의 주제는 j_1이 될 확률이 더 크다고 할 수 있다. 따라서 위 수식은 어떤 단어들이 특정 주제에 할당될 확률은 특정 단어가 하나의 주제에 얼마나 할당되는 정도와 특정 문헌이 해당 주제에 할당되는 단어들의 정도가 동시에 많을수록 그 값이 커지게 된다.

그러나 위의 수식은 특정 단어가 특정 주제에 할당되었음을 가정한 수식이므로 직접 계산하는 것이 불가능하다. 이때 필요한 것이 GS 기법이다. 우선 문헌집단의 모든 단어들을 1부터 T까지의 주제에 무작위로 할당한다. 이후, 특정 단어 i의 주제 z_i를 추정하기 위해, z_i를 제외한 모든 변수(z_{-i})를 현재 할당된 값으로 고정되어 있다고 가정한 후, z_i의 값을 샘플링하여 z_1부터 z_N의 값을 채운 z의 샘플 벡터 $\vec{z}$를 생성하고 이 과정을 여러 번 반복하여 여러 개의 깁스 샘플을 얻는다. 무선 표본은 모집단을 따른다는 통계의 기본적인 법칙에 따라 최종적으로 $\vec{z}$를 추정하게 된다. 최종적으로 이 추정된 $\vec{z}$로부터 특정 단어가 특정 주제에 할당되는 단어-주제분포의 추정치인 $\hat{\phi}$와 특정 문헌에서의 주제의 분포를 의미하는 주제-문헌분포의 추정치인 $\hat{\theta}$는 아래 수식 (4)와 같이 산출할 수 있다. 이 수식이 산출되는 과정은 그리피스와 스타이버스(Griffiths and Steyvers, 2004)의 논문에 상세히 소개되어 있다.

$$\hat{\phi}_j^{(w)} = \frac{n_j^{(w)} + \beta}{\sum_{k=1}^{W} n_k^{(w)} + W\beta} \qquad \hat{\theta}_j^{(d)} = \frac{n_j^{(d)} + \alpha}{\sum_{k=1}^{T} n_j^{(d)} + T\alpha} \tag{4}$$

이 수식에서 w는 단어를 의미하며 j는 단어 w의 주제를, d는 단어 w가 출현하는 문헌을 나타낸다. 따라서 단어 w의 주제 j에서의 추정값 $\hat{\phi}_j^{(w)}$는 깁스 샘플링을 통해 추정한 w의 j에서의 출현 횟수 $n_j^{(w)}$를 전체 단어의 출현 횟수의 합인 $\sum_{k=1}^{W} n_k^{(w)}$로 정규화한 값이 된다. 이때 문헌집단 수준에서의 매개변수인 β의 값을 함께 합하여 산출한다. 마찬가지로 단어 w가 출현한 문헌 d의 주제 j에서의 추정값인 $\hat{\theta}_j^{(d)}$는 문헌 내에서 주제 j로 출현하는 모든 단어의 출현 횟수의 합으로 해당 주제의 단어의 수로 나눈 값으로 산출된다(Griffiths & Steyvers, 2004).

7.6 다항 토픽 모델링

다항 토픽 모델(Dirichlet-multinomial Regression : DMR)은 미노와 맥컬럼(Mimno and McCallum, 2008)이 제안한 개체별 토픽의 추이를 분석하고자 제안된 방법으로 문헌과 주제분포를 기반으로 저자, 발행처, 참고문헌, 날짜 정보 등의 문헌의 메타데이터 특성(feature)을 제3의 파라미터로 설정하여 토픽 결과를 도출하는 LDA 기반 토픽 모델링 기법이다. [그림 7-8]은 다항 토픽 모델을 그래프 모델로 표현한 것으로, 다항 토픽 모델은 LDA와 다르게 토픽에 대한 사전분포인 α는 관찰된 문헌의 특성이고, 고유한 메타데이터 특성값에 따라 달라질 수 있으며, 자질 벡터 X는 주제 선택에 영향을 주는 데 사용된다.

| 그림 7-8 | 다항 토픽 모델의 그래프 모델

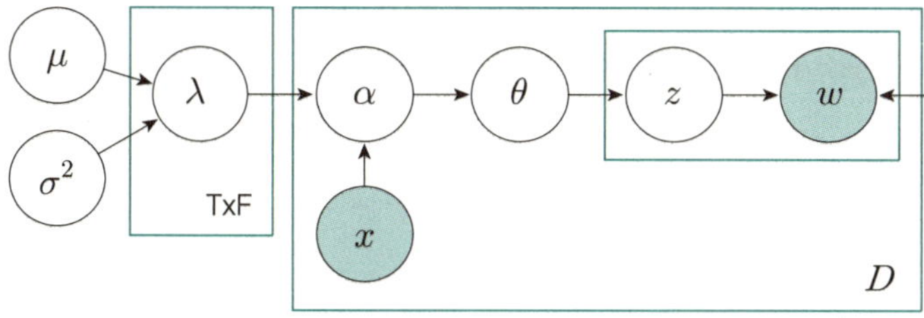

출처 : Mimno and McCallum, 2008, 413

토픽 모델링 코딩 예제

LDA 기반 토픽 모델링의 실제 예를 위해서 매사추세츠대학교 애머스트캠퍼스의 맥컬럼(McCallum) 교수팀이 만든 Mallet(http://mallet.cs.umass.edu/topics.php)을 활용했다. LDA 실행을 위해서 edu.yonsei.test.main 패키지에 LDAMain 클래스를 구현하였다. 우선 메인함수를 보면 yTextMiner에서 제공하는 전처리과정을 거쳐서 그 결과를 인수(argument)로 받는 Collection 객체를 생성한다(1). 그 후 Collection 클래스에서 제공하는 createLDA함수를 이용해서 LDA 기반 토픽 모델링을 수행한다(2). 이 함수는 두 개의 인수를 받는데 처음 인수는 토픽의 수이고 두 번째 인수는 반복 횟수이다. 이 수행과정은 메인함수 설명 이후에 하기로 한다. 라인 (3)~(9)는 10번의 반복 수행을 통해서 무작위로 문헌집단의 숫자 이내의 정수값을 임의로 정해서 해당 번호에 존재하는 문헌에 대해서 어떤 토픽이 그 문헌 안에 존재하는지 추론값을 출력하는 코드이다. 라인 (10)~(12)는 10개의 토픽에 대해서 각각의 토픽이 어떤 주제어들로 구성되어 있는지를 출력하는 코드이다.

```
Collection collection = new Collection(ngramList); (1)
collection.createLDA(10, 1000); (2)

for(int i=0; i<10; i++) { (3)
    int idx = (int)(Math.random()*collection.size()); (4)
```

```
    Document document = collection.get(idx); (5)
    System.out.println("Document: " + document.getDocument()); (6)
    Topic topic = document.getTopic("model/mallet/"); (7)
    System.out.println(topic); (8)
} (9)

System.out.println("TOPICS: ");
Topic[] topics = collection.getTopics(); (10)
for(int i=0; i<10; i++) (11)
    System.out.println(topics[i]); (12)
```

다음은 createLDA함수에 대한 설명을 자세히 하기로 한다. 이 함수 로직을 이해하기 위해서는 Mallet API에 대한 이해가 선행되어야 한다. 우선 라인 (1)~(6)은 Mallet이 토픽 모델링을 수행하는 데 있어서 가장 기초적인 단계로서 문헌집단을 Mallet의 내부 자료 구조로 변환하여 텍스트 전처리 및 필요한 변환 작업을 수행하는 코드이다. 이런 변환과정은 우선 Pipe 리스트를 거치게 되는데 각각의 Pipe는 순차적이며 경우에 따라서는 의존관계를 지니고 있다. 토픽 모델링을 위한 가장 초기 Pipe는 입력 텍스트를 character 순열로 인식하는 것이고, 이때 character를 소문자화시킬 수 있다(2). 그 후 character 순열은 토큰 순열로 변환되는데 이 변환과정에서 필터링될 character를 선택할 수 있는 정규표현식을 규정하고 이것을 인수(argument)로 받는다(3). 토큰으로 인식된 character 합에 대해서 불용어 리스트에 포함되어 있는지를 확인하는 Pipe를 거칠 수도 있는데 이 경우 불용어로 판별된 토큰들은 토픽 모델링에서 제외된다(4). 마지막 Pipe로 토큰 순열은 자질 순열(feature sequence)로 변환된다(5). 이 Pipe 리스트는 InstanceList 객체를 생성하는 인수로 이용되는데 이 InstanceList는 라인 (7)~(10)을 통해서 문헌집단을 문헌별로 파싱해서 읽어 들이고 StringArrayIterator 클래스를 이용해서 InstanceList 클래스의 addThruPipe함수에 인수로 사용되어서 위에서 생성한 Pipe 리스트에 순차적으로 적용해서 Mallet의 내부 구조로 변환되는 과정을 거친다. 이런 내부 구조로 변환되는 과정이 끝난 후에는 Mallet에서 LDA를 효율적으로 수행하기 위해 만든

ParallelTopicModel 클래스를 이용한다. ParallelTopicModel 클래스는 토픽의 수, 알파 파라미터, 그리고 베타 파라미터값을 인수(argument)로 받아 객체로 생성된다 (11). ParallelTopicModel 객체는 InstanceList를 인수로 받아서 instance 리스트 안에 있는 내부 구조로 변환된 문헌집단을 처리한다(12). 토픽 모델링은 많은 연산 작용이 필요하기 때문에 컴퓨터 메모리를 많이 소요하게 되고 속도도 느리다. 이를 해결하기 위해서 multi-thread 방식으로 토픽 모델링을 실행할 수 있고 thread의 개수를 정할 수 있다(13). 또한 보다 좋은 토픽군을 형성하기 위해서 반복 수행을 하는 데 반복 횟수를 정해 준다(14). 보통 1,000에서 2,000까지가 경험적으로 이상적인 결과를 가져온다. 라인 (15)는 깁스 샘플링 기법을 기반으로 하는 토픽 추론을 수행하는 코드로서 토픽 모델링 알고리즘의 가장 핵심적인 코드라고 할 수 있다. 이후는 토픽 모델링의 결과를 출력하는 코드들인데 라인 (16)~(17)은 토픽 모델링의 전체적 결과를 xml 형식으로 출력한다. 라인 (18)~(19)는 각 토픽을 형성하는 주요 단어들을 토픽별로 출력하게 되는데, 이때 각 주요 단어들이 해당 토픽을 형성하는데 얼마나 빈번히 출현했는지 출현 빈도가 함께 출력된다. 라인 (20)은 InstanceList화된 문헌집단들을 파일에 저장하는 코드이다. 이렇게 저장하는 이유는 InstanceList를 생성하는 작업이 문헌집단이 클수록 시간이 많이 소요되기 때문에 파일에 저장하고 필요 시 deserialize를 통해서 객체화시키기 위함이다. 라인 (21)~(25)는 주어진 토픽의 개수만큼 for문을 이용해서 각 토픽에 해당하는 주요 단어들을 yTextMiner에서 구현한 Topic 클래스에 토픽별로 저장하는 코드이다.

```
public void createLDA(int noTopics, int iteration) throws Exception
{
    ArrayList<Pipe> pipeList = new ArrayList<Pipe>(); (1)

    pipeList.add(new CharSequenceLowercase()); (2)
    pipeList.add(new
CharSequence2TokenSequence(Pattern.compile("[\\p{L}\\p{N}_]+")));
(3)
    pipeList.add(new TokenSequenceRemoveStopwords(new
```

```
File("data/util/stopwords.txt"), "UTF-8", false, false, false));
(4)
    pipeList.add(new TokenSequence2FeatureSequence()); (5)

    InstanceList instances = new InstanceList(new
SerialPipes(pipeList));(6)

    String[] array = new String[size()]; (7)
    for(int i=0; i<size(); i++) (8)
        array[i] = get(i).getDocument(); (9)

    instances.addThruPipe(new StringArrayIterator(array)); (10)

    ParallelTopicModel model = new ParallelTopicModel(noTopics,
1.0, 0.01); (11)

    model.addInstances(instances); (12)
    model.setNumThreads(2); (13)
    model.setNumIterations(iteration); (14)

    model.estimate(); (15)

    PrintWriter pw = new PrintWriter("topic.xml"); (16)
    model.topicXMLReport(pw, 20); (17)
    pw.close();

    model.printTopWords(new File("topwords.txt"), 30, true); (18)
    model.write(new File("model/mallet/lda.model")); (19)
    Serialization.serialize(instances,
"model/mallet/instances.model"); (20)
```

```
    ArrayList<TreeSet<IDSorter>> topicSortedWords =
model.getSortedWords(); (21)
    topics = new Topic[noTopics]; (22)
    for(int i=0; i<noTopics; i++) (23)
        topics[i] = new Topic(i, model.getAlphabet(),
topicSortedWords.get(i).iterator()); (24)

} (25)
```

7.7 토픽 모델링을 활용한 연구 사례

마이크로블로그를 포함한 소셜 미디어를 일반 대중들의 정치적 의사와 논의가 이루어지는 일종의 포럼으로서의 잠재력을 평가한 연구(Jansen and Koop, 2005; Woodley, 2007)가 진행되어 왔다. 최근에는 정치적 특색을 지닌 마이크로블로깅이 그들의 실제 정치상황에 어떤 영향을 미치는가에 대한 연구들(Drezner and Farrell, 2008; Williams and Gulati, 2008)뿐만 아니라 실제 선거의 결과를 예측하는 도구로서 소셜 미디어를 활용하는 연구들(Tumasjan et al., 2010; Connor et al., 2010; Livne et al., 2011)이 활발하게 이루어져 왔다. 이처럼 소셜 미디어는 실시간으로 생성되는 방대한 양의 문자적 데이터 외에도 의제설정 및 여론형성에 영향력 있는 채널로 사용되고 있다는 점에서, 그 출현과 함께 빅데이터 분석의 주요한 연구 대상이 되고 있다.

미국의 경우 지난 대선의 결과를 트위터를 분석해서 예측한 연구들에서 트위터 상에서 가장 많이 언급된 후보가 실제 경선에서도 승리했음을 보여주었다. 실제로 트위터가 공식 블로그를 통해 발표한 내용을 살펴보면, 이와 같은 사실을 확인할 수 있다. 트위터가 집계한 후보별 트윗(tweets)의 숫자와 경선 결과가 놀랍도록 일치하고 있는 것이다. 2012년 1월 3일 아이오와 코커스(Iowa Caucus)에서는 트윗에서 가장 많이 언급된 릭 샌토럼 후보가 1위를 차지한 것이 한 예이다. 이처럼 이제는 트위터, 페이스북으로 대표되는 소셜 네트워킹 서비스(이하, SNS)가 선거에 중요한 영향을 미치고 있다는 것은 한국을 포함한 세계 각국에서 이미 인정되고 있다. [그림 7-9]는 문헌 모델링의 한 방법인 토픽 모델링을 이용해서 트위터에 나타난 한국 대중들의 의견을 분석한 결과이다. 토픽 모델링에서 문헌은 특정 확률에 의해 선택된 단어들로 구성된 토픽들의 집합으로 표현된다. 문헌집단을 문헌 단위에서 군집화하는 전통적인 문헌 클러스터링에 비해 토픽 모델링은 의미론적으로 유사한 단어들의 군집을 제공해 주는 것이 특징이다. 분석을 위해 트위터에서 '한국 대선'과 관련된 키워드들을 이용해 2012년 10월 1일부터 31일까지 총 174만여 트윗을 수집하였다.

그림 7-9 | 전체 트윗을 대상으로 한 토픽 맵

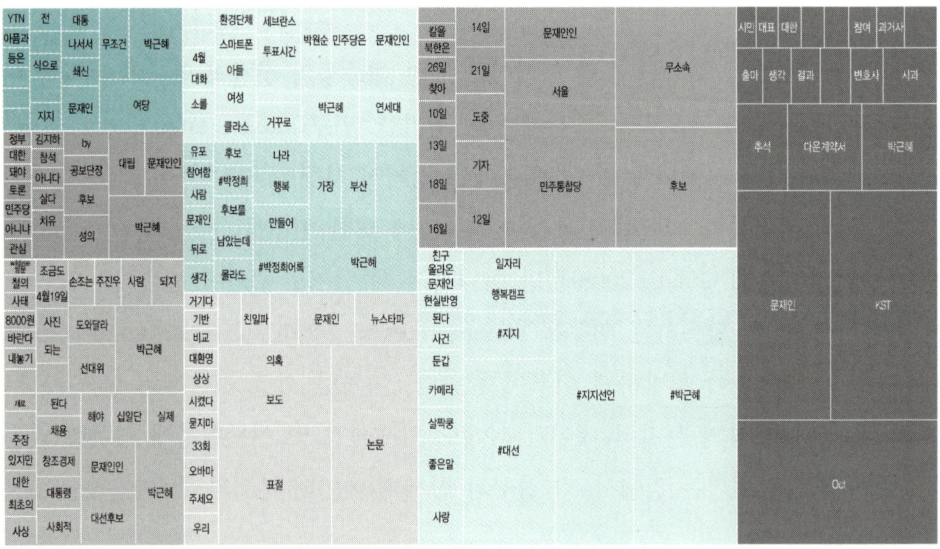

시계열에 따라 분석된 10개 토픽의 변화 추이는 다음의 [표 7-1]과 [그림 7-10], [그림 7-11]과 같다. 각각의 토픽은 확률분포의 변화에 따라 상승 패턴(rising issue)와 하강 패턴(falling issue)의 두 가지 추이(tendency)를 보였으며, 7개의 토픽(topic #1, 2, 5, 6, 7, 8, 10)은 상승(rising) 패턴을, 나머지 3개의 토픽(topic #3, 4, 9)은 하강(falling) 패턴을 보였다.

표 7-1 DMR 기반 토픽 모델링 결과

Topic	Label	Major Terms	Type
Topic_01	정수장학회	박근혜, 정수장학회, 안철수, 대선, 문재인, MBC, 최필립, 새누리당, 부산일보	rising
Topic_02	대선 후보	박근혜, 문재인, 안철수, 후보, 대선, 대통령	rising
Topic_03	박근혜 지지율	박근혜, 후보, 안철수, 대선, 새누리당, 문재인, 단일화, 대통령, 지지율, 선거	falling
Topic_04	안철수 의혹	안철수, 박근혜, 논문, 표절, 의혹, 다운계약서, 서울대	falling
Topic_05	대선 후보	박근혜, 문재인, 안철수, 후보, 대선, 대통령	rising
Topic_06	후보 단일화	안철수, 박근혜, 문재인, 대선, 후보, 무소속, 단일화	rising
Topic_07	박근혜 슬로건	박근혜, 문재인, 안철수, 나라, 내, 꿈이, 이루어지는	rising
Topic_08	박근혜 캠프 구성	박근혜, 문재인, 안철수, 민주당, 캠프, 김경재, 이, 대선, 장악한, 종북세력, 막으러, 들어왔다	rising
Topic_09	대선 후보	후보, 박근혜, 안철수, 새누리당, 무소속, 민주통합당, 문재인	falling
Topic_10	NLL 포기 의혹	박근혜, 문재인, NLL, 안철수, 노무현, 정문헌, 민주통합당	rising

상승 패턴

상승 패턴(rising pattern)을 보인 7개의 토픽(topic #1, 2, 5, 6, 7, 8, 10)의 시계열에 따른 변화는 [그림 7-10]과 같다. 또한 트위터에서 출현한 대선에 관련된 토픽의 변화가 실제 사회적 이슈와 어떠한 관계를 갖는지 알아보기 위해 같은 기간 topic #1, 6, 10과 관련된 신문기사 및 실제 사건에 대한 분석을 실시하였다.

▌그림 7-10▌ 상승 패턴을 보이는 토픽들

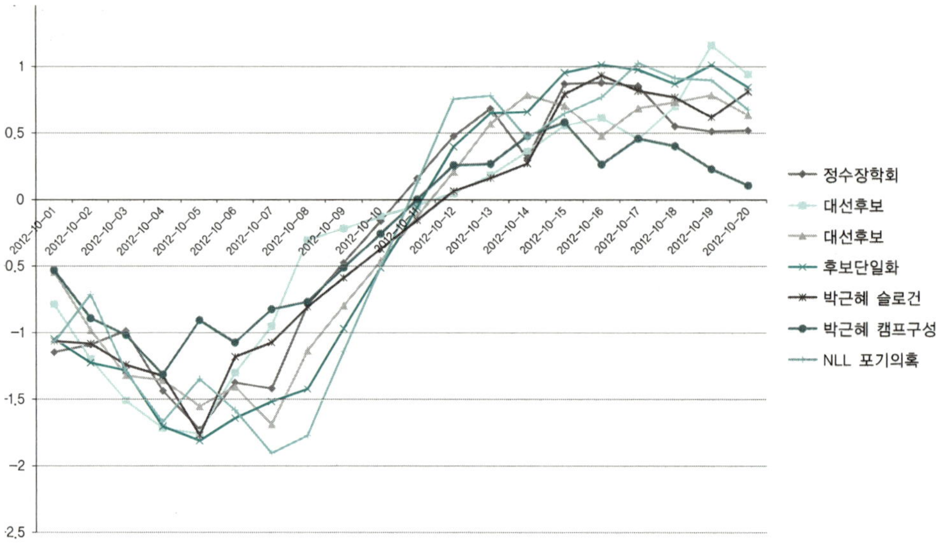

하강 패턴

하강 패턴(falling pattern)을 보인 3개의 토픽(topic #3, 4, 9)의 시계열에 따른 변화는 [그림 7-11]과 같다. 또한 트위터에서 출현한 대선에 관련된 토픽의 변화가 실제 사회적 이슈와 어떠한 관계를 갖는지 알아보기 위해 같은 기간 topic #3와 관련된 신문기사 및 실제 사건에 대한 분석을 실시하였다.

그림 7-11 하강 패턴을 보이는 토픽들

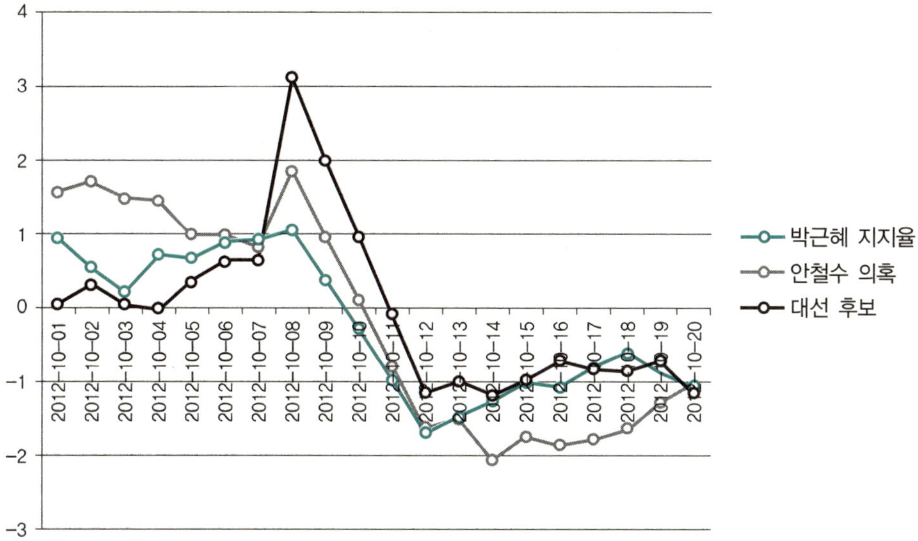

08

Chapter

문서 자동요약

Chapter 08

문서 자동요약

8.1 자동요약의 개념

자동요약(automatic summarization)이란 특정 이용자나 특정 목적을 위해 원정보 자료로부터 가장 중요한 정보를 추출하여 축약된 형태의 요약문을 생산하는 과정을 의미한다. 자동요약의 과정으로 생산된 요약문은 일반적으로 원문을 대표하는 중요한 문장이나 문단을 추출하여 구성하는데 이를 추출요약문(extract)이라고 부르며, 반면 추출된 문장을 수정하거나 새로운 문장을 추가하여 작성한 요약문을 초록(abstract)이라고 구분한다(정영미, 2012). 그러나 초록 형식의 자동요약문의 경우 정교한 언어학적 분석이 필요하므로 구현이 쉽지 않고 제한적인 주제에서 적용가능하다는 한계가 있어, 추출요약문 형식의 요약문 작성에 관한 연구가 주를 이루고 있다.

자동요약에 관한 연구는 1958년 룬(Luhn)의 연구로부터 시작하였다. 룬(1958)은 용어의 출현 빈도를 기반으로 주요어(keyword)를 선정하고 이러한 주요어가 많이 출현한 문장을 선정하여 요약문을 작성하였고, 초기 자동요약 연구자 중 한 사람인 에드먼슨(Edmundson, 1959)은 문장의 중요도를 측정하는 기준으로 단서어(cue word), 주요어, 표제어(title words), 문장 위치(location)를 사용하고 각각의 기법으로 생성된 요약을 비교하여 가장 효과적인 요약문을 생성하고자 하였다. 이와 같이 문장의 중요도를 산출하여 그 값이 큰 문장을 이용하여 요약문을 작성하다는 개념은 현재까지 다양한 연구에서 응용되고 있다(Kupiec, Pedersen and Chen, 1995; Myaeng and Jang, 1999).

자동요약 기법은 텍스트의 언어학적 분석 수준에 따라 표층적 접근방법(shallow approach)과 심층적 접근방법(deeper approach)으로 구분할 수 있다. 표층적 접근방법은 주로 문장 추출에 의한 발췌문 형태의 요약을 작성할 때의 접근방법으로 텍스트를 구문적(syntactic) 수준 이상 분석하지 않는다. 심층적 접근방법에서는 주로 초록 형태의 요약을 작성할 때의 접근방법으로 텍스트를 구문적 수준뿐 아니라 의미적(semantic) 수준이나 담화(discourse) 수준까지 분석하기도 한다. 이와 같은 접근방법에서는 어절이나 단어구 등을 단위로 이들을 연결하여 의미적으로 응집성 있는 요약문을 생성하고자 한다. 한편, 상기한 두 가지 접근방법을 혼합하여 사용하기도 하는데 문장을 추출하여 수정하거나 재배열하여 구조적으로 응집력 있는 요약문을 작성하는 혼성 접근방법(hybrid approach)이 이에 해당한다(정영미, 2012).

문장 추출을 이용한 요약 기법

문장 추출을 이용한 요약 기법에서는 원문의 문장들의 중요도를 계산하여 그 값이 큰 문장들을 추출하여 요약문을 작성한다. 문장의 중요도를 계산하기 위해서는 문장 내 출현하는 단어의 통계적 특성이나 위치 등의 자질을 이용하게 된다.

쿠피엑, 페더슨, 첸(Kupiec, Pedersen, Chen, 1995)은 텍스트와 수작업 요약문으로 구성된 과학기술 분야의 학습 집단으로부터 기계학습을 통해 자질을 선정하고 각 자질이 출현한 문장이 요약문장으로 선정될 확률을 산출하여 요약문장을 구성하였다. 이들은 문장 길이(sentence length), 고정 단어구(fixed-phrase), 문단 내 문장의 위치(paragraph), 주제어(thematic word), 대문자 단어(uppercase word) 등을 문장 추출을 위한 자질로 사용하고 각 자질에 근거해 요약 대상 문헌의 문장이 요약문에 포함될 확률을 베이즈이론(Bayes' theorem)를 이용하여 문장의 중요도를 계산하였다. [그림 8-1]은 일반적인 문장 추출을 이용한 자동요약 기법의 흐름도이다.

그림 8-1 | 문장 추출을 이용한 자동요약 기법 흐름도

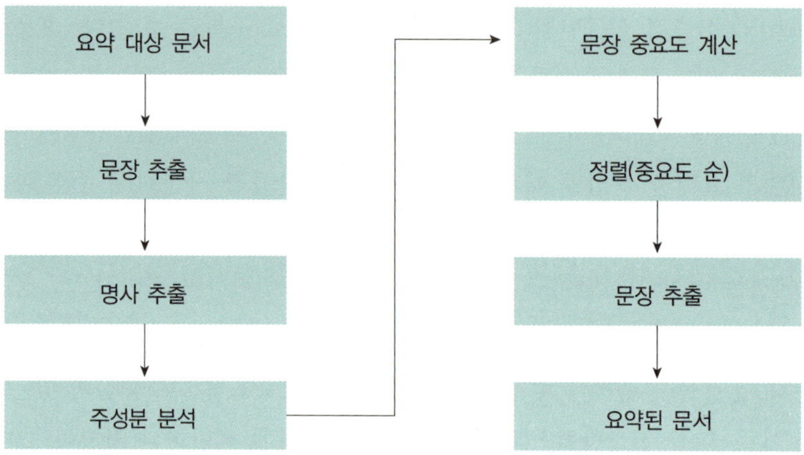

국내 연구에서는 맹성현과 장동현이 쿠피엑 등의 연구와 같이 기계학습을 이용하여 한국어 텍스트의 자동요약을 시도하였다. 이들은 요약문장 선정을 위한 자질로 단서어(cue word), 위치(position), 주제어(theme words), 중심성(centrality), 표제어와의 유사도(resemblance to the title)를 사용하였고 이를 뎀스터-쉐이퍼(Dempster-Shafer)의 확률 결합 규칙에 의해 각 자질로부터 얻은 확률값을 결합하여 문장의 중요도를 산출하였다(장동현, 맹성현, 1997; Myaeng and Jang, 1999).

한편, 문장 추출에 의한 요약문의 가독성과 응집성을 향상시키기 위해 요약문의 수정을 시도한 연구들이 있다. 이러한 연구들은 접속사나 대명사 등을 이용하여 문장을 결합하거나 중복되는 단어를 삭제하고, 도표나 참고문헌 등을 이용하여 문맥이 자연스러운 문장을 작성하고자 하였다(Mani, 2001; Strzalkowski et al., 1999; Harabgiu and Lacatusu, 2000). 마니 등(Mani et al., 1999)은 문장 요소 제거(elimination), 문장 요소 통합(aggregation), 문장 다듬기(smoothing) 등의 수정 규칙을 적용하여 요약문을 수정하고자 하였다. 문장 요소 제거 규칙에 의해 문장의 앞에 오는 전치사구나 부사구 등을 제거하고 문장 요소 통합 규칙에 의해 두 문장이 동일하게 참조하는 절이나 구가 존재할 때 관계절이나 동격구 등을 이용하여 문장을 통합한다. 문장 다듬기 규칙에 의해서는 관계절을 동사구로 축소하거나 대명사를 고유명사로 대체하거나 추가하여 가독성을 높이고자 하였다.

담화 구조를 이용한 요약

담화 구조를 이용한 요약은 텍스트의 연결의 밀도를 나타내는 의미적 응집성(cohesion)과 텍스트의 전반적인 구조를 결정하는 문장 혹은 절 사이의 관계성 정도를 의미하는 구조적 응집성에 기반한 요약 기법으로 구분된다(정영미, 2012). 의미적 응집성 기반 요약 기법 중 하나는 텍스트 요소(문장, 문단 혹은 단어)를 노드(node)로 하고 이러한 노드들 사이의 관계를 링크(link)로 표현한 응집성 그래프로 나타내고 이를 이용하여 특정 노드로부터 연결 강도가 높은 노드들을 확장 활성화 알고리즘(spreading activation algorithm)에 의해 탐색하여 연결 강도의 가중치가 높은 텍스트 요소를 요약문으로 제시하는 방법이 있다(Mani and Bloedorn, 1999).

또 다른 의미적 응집성에 기반한 기법은 어휘사슬(lexical chain)을 이용하는 것이다. 이는 Roget's Thesaurus나 WordNet과 같은 시소러스에 정의되어 있는 단어들 간의 관계를 이용하여 텍스트 요소(단어 혹은 구)들 간의 관계를 사슬 형태로 표현하고 연결도가 강한 사슬이 있는 문장을 추출하여 요약문을 작성하는 방법이다(Barzilay and Elhadad, 1997). 바질레이와 엘하다드의 연구는 샌더슨(Sanderson, 1999)의 연구와 더불어 대표적인 질의확장 기법을 적용한 연구이다. 바질레이와 엘하다드(1997)는 의사 적합성 피드백, 제목, 문서의 첫 문장 등을 이용하여 좀 더 다양하게 질의확장을 적용함으로써, 질의확장이 성능 향상에 기여함을 보였다. 이 두 연구 모두 초기질의를 TREC 실험 문서집합에 주어진 질의를 사용하여 사용자 주도 요약을 생성하였다. 이에 비해 샌더슨(1999)은 INQUERY 검색시스템의 지역적 문맥 분석(local context analysis)을 이용하여 요약을 생성하였으나, 질의확장을 사용하지 않은 요약에 비해 성능 향상을 보이지 못했다.

어휘사슬은 모든 tokenzied된 모든 텍스트 세그먼트에서 만들어지며 같은 의미를 지니고 있는 공통 단어를 포함하는 세그먼트들끼리 통합된다. 그 후에 사슬들은 아래의 바질레이와 엘하다드(1999)에 의해서 고안된 공식에 의해서 순위화된다.

$$\text{Score(Chain)} = \text{Length(Chain)} \times \text{HomogenilyIndex(Chain)}$$

여기서 Length(Chain)은 사슬을 구성하는 단어들의 출현 횟수이고 Homogenily-Index(Chain)은 아래의 공식에 의해 산출된다.

1−(the number of distinct occurrences of members of the Chain)/Length(Chain)

구조적 응집성에 기반한 요약 기법의 대표적인 것으로 마르쿠(Marcu, 1999)가 제안한 수사 구조 트리(Rhetorical Structure Theorem : RST)를 이용한 요약 기법이 있다. 마르쿠는 단서어구(but, yet, because 등)를 이용하여 텍스트를 절 단위로 분할하여 저자의 의도를 중심적으로 표현하는 핵(nucleus)과 핵에 비해 덜 중심적인 위성(satellite)으로 표현되는 수사 구조 트리(RS−tree)를 생성한 후 각 절의 중요도를 관계의 종류에 의해 측정한 후 그 값이 큰 문장을 요약문으로 제시하였다. 국내 연구에서는 정준호(1999)가 문서요약시스템을 위한 수사 구조 트리를 분석하였는데 이 연구에서는 수사 정보와 문장 간 유사도를 이용하여 문서의 수사 구조 트리를 생성하는 방법을 제안하였다. 수사 구조는 문서 내에서 각 문장 사이의 관계를 나타내는 이진 트리를 의미하는데 트리의 맨 아래 존재하는 노드인 leaf node는 문장

그림 8-2 | 수사 구조를 이용한 자동 요약 흐름도

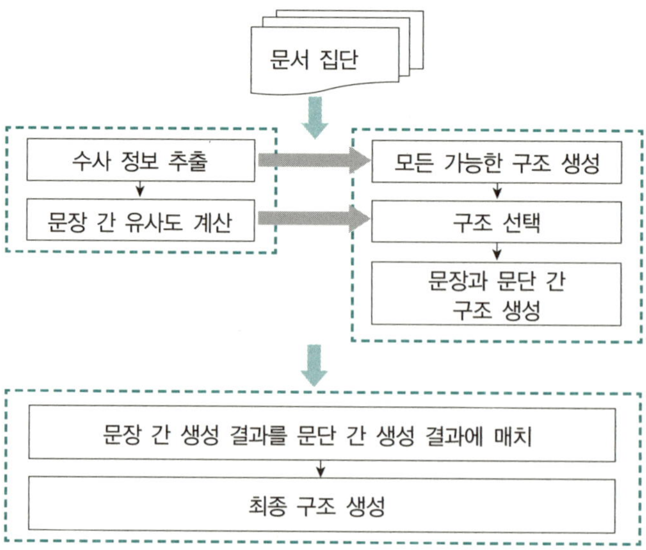

을 나타내며 중간 노드는 문장들 사이의 관계를 나타낸다. 이러한 관계는 문서 내에, 노드에서 추출한 수사학적인 정보와 문장 간의 유사도를 가지고 생성한다. 수사학적인 정보는 말뭉치에서 추출하고 이러한 정보를 바탕으로 비슷한 역할을 하는 것끼리 분류하여 문장 사이에 어떠한 관계가 존재하는지 찾아낸다. [그림 8-2]의 흐름도는 수사 구조를 이용한 자동요약의 일반적 흐름도이다.

지식 기반 요약 기법

지식 기반 요약 기법에서는 특정 주제영역의 지식베이스(knowledge base)를 바탕으로 텍스트를 분석하여 스케치 스트립트(sketchy script)나 템플리트(template)를 작성하고 이를 이용하여 요약문을 작성한다(정영미, 2012).

드종(Dejong, 1982)은 FRUMP(Fast Reading Understanding and Memory Program) 시스템에서 스케치 스크립트라는 데이터 구조를 사용하여 뉴스기사의 사건들을 표현하는 지식베이스를 구축하고 뉴스기사를 이 스크립트에 적용하여 요약문을 작성하였다. 드종(1982)은 다음의 3가지 방법으로 스크립트가 활용될 수 있다고 하였는데, 첫 번째는 직접적 참고(explicit reference)로 각각의 스크립트는 수집된 가능한 모든 단어 의미들을 포함하고 이 중 어떤 단어 의미가 텍스트에서 나타난다면 해당 스크립트를 실행하는 방법이다. 두 번째 방법은 간접적 참고(implicit reference)로써 스크립트가 다른 스크립트에 의해서 실행되는 방법으로, 예를 들면 신문기사에 은행강도에 대한 보도가 있는데 그 보도에 '체포'라는 단어가 언급되지 않았지만 범인이 검거되었다는 소식이 있다면 범죄 스크립트가 강도라는 단어에 의해서 실행되는 방식이다. 세 번째 방법은 이벤트 추측 실행(event induced activation)방법으로서 스크립트에 하나 이상의 키 이벤트들의 입력값(input)에 목표 단어가 보인다면 그 스크립트를 활용하는 방법이다.

컬링포드(Cullingford, 1981)는 스크립트를 이용하여 SAM(Script Applier Mechanism)이라는 시스템을 통해 스크립트를 이용하여 중요도가 높은 인물과 중요도가 높은 사건을 기준으로 요약문을 작성하였다. 한편 파이스와 존스(Paice and Jones, 1993)는 농업 분야의 기술 논문을 분석하여 곡물 종류, 품종, 해충과 같은 중요한 개념들을 식별하여 템플리트의 슬롯을 구성하고 문맥 패턴(context pattern)을 이용하여 텍스트에서 이러한 개념들을 추출하여 템플릿을 채워 최종적으로 요약문을 작성하고자 하였다. 국내에서는 최인숙(1988)이 판결서를 표현하는 지식베이스를 바탕으로 판결문 자동요약시스템을 설계하였다.

8.2 복수문헌 요약

복수문헌 요약의 개요

복수문헌 요약(Multi-Document Summarization : MDS)은 단일문헌이 아닌 2개 이상의 관련된 문헌집단을 대상으로 하나의 요약문을 작성하는 것을 의미한다. 이때 관련된 문헌이란 단행본의 여러 장, 하이퍼링크에 의해 연결된 문헌들, 하나의 뉴스기사와 이와 관련된 후속기사들, 한 사건의 전개과정을 다룬 일련의 뉴스기사들로 이와 같이 서로 연관된 문헌들로부터 하나의 요약문을 통합적으로 생성할 수 있다(정영미, 2005).

복수문헌 요약은 단일문헌 요약과 몇 가지 측면에서 차이가 있다. 단일문헌 요약에서 특정 원문으로부터 중요한 정보를 파악하는 데 있어 가장 중요한 요소는 중복성(redundancy) 혹은 유사성(similarity)으로 원문에서 여러 번 반복되어 나타나는 개념은 그 원문의 주제가 될 가능성이 높다. 단일문헌 요약과 마찬가지로 복수문헌 요약에서도 중복성은 원문의 주제를 파악하는 데 중요한 개념이지만 복수문헌 요약에서 고려해야 할 중요한 요소는 다양성(diversity)이다. 단일문헌 요약에서 문헌 내 한 번만 출현하는 정보는 큰 의미를 지니지 못하지만 복수문헌 요약에서 한 번만 나타난 정보는 오히려 이용자가 더 찾기 힘든 유용한 정보가 될 수 있다. 따라서 복수문헌 요약에서는 오히려 중복되는 정보를 추출하는 동시에 고유한 정보도 함께 추출해야 한다(Goldstein et al., 2000).

단일문헌 요약과 비교하여 복수문헌 요약에서 고려해야 할 다른 요소는 압축률이다. 단일문헌에 비해 여러 개의 문헌으로 구성된 원문을 요약할 경우 유사한 길이의 요약문을 원할 경우 그 압축률이 훨씬 높아야 한다. 그 밖에 특정 사건을 보도하는 뉴스기사와 연속적으로 생성되는 문헌의 경우 정보가 변화할 경우 최근의 정보로 수정하는 경우가 있으므로 발생시간을 고려해야 하며 복수문헌에서는 다양한 방식으로 동일한 대상을 참조하므로 이와 같은 공통참조(co-reference)의 문제를 해결하는 것이 중요하다(정영미, 2005; Goldstein, et al., 2000).

작업 순서에서는 차이가 있을 수 있지만 복수문헌 요약문 작성의 일반적인 알고리즘은 다음과 같다(Mani, 2001).

① **식별(identification)** : 복수의 문헌들로부터 텍스트 요소(문헌, 문장, 문단, 절 등)를 식별한다.

② **비교(matching)** : 유사성 척도를 이용하여 텍스트 요소들을 비교한다.

③ **필터링(filtering)** : 대표성 기준(salience criterion)에 의해 대표적인 텍스트 요소를 선정한다.

④ **축소(reduction)** : 통합 연산자(aggregation operation)나 일반화 연산자(generalization operations) 등을 이용하여 선정된 텍스트 요소를 축소시킨다.

⑤ **표현(presentation)** : 요약문을 생성하거나 시각적으로 표현한다.

복수문헌 요약 기법

복수문헌 요약 기법은 통계적인 기법을 이용하여 요약문에 사용될 주요 문장을 추출하는 문장 추출 기법의 요약 기법과 심층적인 구문 분석을 이용한 문장 생성 기법으로 구분할 수 있다.

문장추출 기법을 이용한 복수문헌 요약

스테인 등(Stein et al., 2000)은 각 문헌을 대표하는 문장 혹은 문단을 통칭하는 단락(passage)을 텍스트 요소로 하여 다음과 같은 과정으로 요약문을 작성하였다.

① 각각의 문헌으로부터 요약문을 작성한다.

② 작성된 요약문을 클러스터링한다.

③ 각 클러스터를 대표하는 단락을 선정한다.
④ 선정된 단락을 논리적인 구조로 조직한다.

이 연구에서 이용자의 질의에 대한 요약일 경우 질의와 가장 유사도가 높은 단락을 선정하여 유사도가 높은 순으로 요약문을 조직하였고 일반 요약인 경우 클러스터를 가장 잘 대표하는 단락을 선정하고 각 단락이 속한 문헌의 유사도가 높은 단락을 함께 제시하였다.

라데프 등(Radev et al., 2000)은 뉴스기사를 대상으로 동일한 사건과 관련된 기사들의 클러스터를 생성한 후, 클러스터를 대표하는 센트로이드(centroid)를 산출하여 이 센트로이드와 각 문장과의 유사도에 따라 요약문에 사용할 문장을 선정하였다. 이때 클러스터 센트로이드는 각 클러스터를 대표하는 단어들로 이루어지고 각 단어는 TF*IDF 가중치를 갖는다. 문헌에 출현한 각 문장에 대해 문장과 센트로이드와의 유사도인 센트로이드 점수(centroid value), 첫 번째 문장에 가장 높은 점수를 부여하는 위치 점수(positional value), 첫 문장과의 유사도(first-sentence overlap) 등을 계산하여 이를 합산하여 최종 문장 점수를 계산하고 그 순위에 따라 요약문장을 추출하였다.

안도 등(Ando et al., 2000)은 벡터 공간 모델을 이용하여 복수의 문헌을 대표하는 주제어를 선정하거나 문헌을 의미 공간에 표현하고자 하였다. 이때 문헌으로 표현된 벡터 공간은 잠재의미색인(Latent Semantic Index : LSI) 기법에서 사용하는 특이치 분해(Singular Value Decomposition : SVD)방법을 이용하여 차원을 축소시킨다. 이 연구에서는 다수의 문서를 클러스터링한 다음 각 클러스터의 센트로이드를 주제 벡터로 정의하고 이 주제 벡터와 가장 유사한 문장을 중심문장으로 추출하거나, 문헌지도(document map)를 산포도(scatter plot)의 형태로 제시했다. 또한 문장을 중심으로 한 문장 벡터가 아닌 단어를 중심으로 한 단어 벡터를 이용하여 복수문헌으로부터 주제어를 추출하고자 하였다.

최상희(2004)는 클러스터링 기법과 단락확장 기법을 혼합한 기법을 제안하였다. 단락확장 기법은 검색된 결과에서 질의와의 유사도가 높은 상위문장을 중심문장으로 선정하고 중심문장의 주변으로 확장된 단락을 요약문으로 생성하는 기법으로,

클러스터링 기법에서 산출된 대표문장을 단락확장 중심문장으로 선정하는 혼합 기법을 사용한 경우 클러스터링 기법보다 우수한 요약 성능을 나타냈다.

골드스타인 등(Goldstein et al., 2000)은 복수문헌에서 고려해야 할 중요한 요소인 중복성과 다양성을 측정하기 위해 MMR(Maximal Marginal Relevance) 척도를 제안하였다. 이 척도를 이용하여 이미 선정된 다른 단락들과는 작은 유사도를 가지는 동시에 질의에 적합하거나 요약문으로 유용한, 즉 한계 적합성(marginal relevance)이 높은 단락들을 선정하여 이 한계 적합성이 최대인 요약문을 생성하고자 하였다. 아래 공식은 MMR 척도를 나타낸다.

$$MMR(Q,R,S) = \underset{D_i \in R/S}{Argmax}(\lambda Sim_1(D_i, Q) - (1-\lambda)\underset{D_j \in S}{max} Sim_2(D_i, D_j))$$

위 공식에서 Q는 질의, R은 검색 결과 순위화된 단락 리스트, S는 이미 선정된 R의 하부집합, R/S는 S를 제외한 R 리스트 내 단락을 의미하며, Sim_1은 질의와 문헌, Sim_2는 문헌과 문헌 간의 유사도를 의미하며 코사인 유사계수와 같은 유사계수로 계산한다. λ는 매개변수로 0과 1 사이의 값을 가지며 값이 클수록 질의와의 적합성값이 더 큰 가중치를 갖게 된다(정영미, 2012).

한편, 우, 쿠, 고(Ou, Khoo, Goh, 2007)는 신문기사가 아닌 사회학 박사논문 초록을 대상으로 요약문을 작성한 연구를 발표하였다. 변인 기반 프레임워크(variable-based framework)라는 방법을 통해 전통적으로 주요 문장을 추출하거나 문장 생성기를 이용한 방식이 아닌 핵심 개념들을 계층적 구조로 제시하였다. 이 연구에서는 우선 문장 단위, 단어 단위로 파싱한 후 전통적인 요약시스템들이 많이 사용했던 단서어나 문장 위치 등을 이용하여, 각 문장을 연구배경, 연구목적, 연구방법, 연구결과, 결론의 5개의 범주로 분류하는 거시담화 구조에서의 문장 추출을 하였다. 다음 과정으로 연구개념, 관계성, 문맥적 관계, 연구방법의 네 가지 종류의 주요 정보를 추출하는 미시담화 구조에서 정보를 추출하였다. 최종적으로 유사한 연구개념 및 관계 등을 통합하고 유사 구조의 문장을 통합하여 요약결과를 제시하였다.

문장 생성 기법을 이용한 복수문헌 요약

맥커운과 라데프(McKeown and Radev, 1995)는 한정된 주제를 보도하는 일련의 기사들을 템플릿을 이용하여 요약문을 작성해주는 SUMMONS(SUMMarizing Online NewS articles)라는 자동요약시스템을 발표하였다. 이 시스템은 동일한 사건을 보도하는 기사로부터 만들어진 여러 개의 템플릿으로부터 자연스러운 요약문을 작성해준다. SUMMONS시스템의 구조는 [그림 8-3]과 같이 크게 네 개의 부분으로 나뉜다.

그림 8-3 | SUMMONS 시스템 구성도

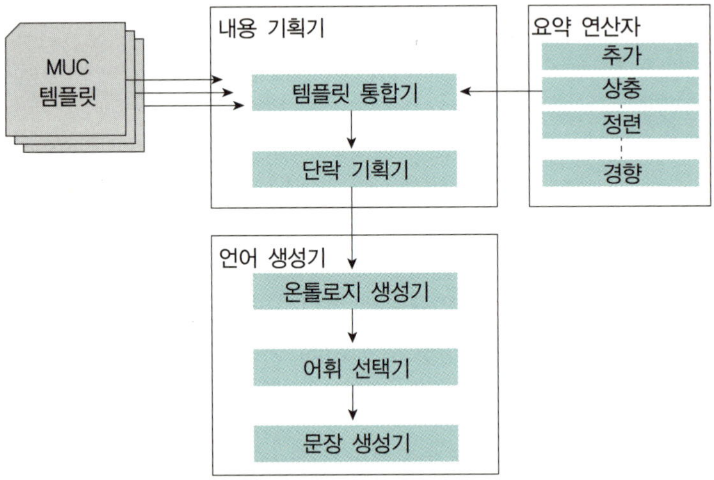

SUMMONS시스템의 입력 템플릿은 1992년에 개최된 MUC-4 참여시스템들에 의해 개발된 것으로 주제 분야는 테러리즘(terrorism)이며, 범인, 희생자, 사건 유형 등 모두 25개의 필드로 구성되어 있다. 내용 기획기(content planner)는 지식 베이스로부터 텍스트에 포함된 정보를 개념적으로 표현해주는 역할을 하며, 이는 선택된 정보에 포함된 개념을 나타내는 단어들로 이루어지며 어떠한 언어적 정보도 포함하지 않는다. 언어 생성기(linguistic generator)는 자연스러운 문장을 생성하기 위해 어휘사전(lexicon)이나 영어 문법을 사용하며, 어휘사전에는 시스템에서 사용하는 용어들과 각 단어가 사용될 수 있는 제한사항을 포함한다. 마지막으로 입력된 템플릿으로부터 어떤 정보가 요약문에 포함되어야 하는가를 결정하는 데 중요한 역할을 하는 것이 요약 연산자(summary operators)이다. 요약 연산자는 대량의 말뭉치(corpus)

로부터 얻어진 경험적으로 발견된 규칙으로 서로 다른 2개의 템플릿 내의 정보를 결합하는 역할을 한다. 요약 연산자는 크게 관점의 변화(change of perspective), 상충(contradiction), 추가(addition), 정련(refinement), 동의(agreement), 상위집합(superset), 경향(trend), 정보부재(no information) 등 8개로 이루어져 있으며 이들 연산자들은 다시 다양한 규칙들로 이루어진다.

맥커운 등(2000)은 다수의 정보원으로부터 입력된 뉴스기사를 클러스터링 기법을 통해 사건 클러스터를 생성하고 이에 따른 요약문을 작성하는 'Newsblaster'라는 자동요약시스템을 개발하였다. 이 시스템은 주요 문장을 추출하기 위해 통계적 기법과 기계학습 방법을 함께 이용하였으며, 선정된 문장에 대해 심층적인 구문 분석을 통해 구문 트리를 생성하고 이를 분석하여 문장을 생성하였다.

하라바기우와 라카투수(Harabagiu & Lacatusu, 2000)는 'GISTexter'라는 신문기사 요약시스템을 통해 정보 추출 기법을 이용하여 주요 정보를 추출하고, 문장을 파싱하여 상호참조를 고려하는 등의 심층적인 수준에서의 문장 처리를 하였고 패턴 규칙에 의해 템플릿에 정보를 채워 최종적으로 문장 생성기를 이용하여 요약문을 작성한다.

8.3 토픽 모델을 이용한 자동요약 연구

토픽 모델을 이용하여 문헌집단으로부터 주요 주제를 추출할 수 있다는 점 때문에 이를 이용한 다양한 자동요약 연구가 이루어지고 있다.

나게쉬와 머티(Nageshi & Murty, 2012)의 연구에서는 단일문헌 요약을 위해 LDA를 이용하였다. 이들은 요약문에 포함될 확률이 높은 단락(paragraph)을 선정한 후 이 단락들로부터 요약문장을 추출하는 기법을 제안하였다. 이를 위해 LDA를 이용해 주제-단어분포를 산출한 후, 각 주제에 분포되는 상위 70%의 단어를 이용하여 단락 간 유사도를 산출하여 단락-주제 간 유사도 행렬(similarity matrix)을 만든 후, 각 주제 내에서 단어들의 확률들의 합한 값이 큰 주제를 요약 주제(summary topics)라 가정하였다. 다음 단계로 클러스터링 기법을 이용하여 단락들의 클러스터를 생성한 후, 요약 주제들과의 유사도를 산출하여 요약 대상 단락 클러스터를 선정하였다. 최종적으로 선정된 단락 클러스터에 존재하는 각 문장이 요약 주제에 속할 조건 확률을 산출하여 그 값이 큰 문장을 요약문으로 선정하였다.

최근 치엔과 창(Chien & Chang, 2013)은 H2TM(Hierarchical Theme and Topic Model)이란 모델을 제안하였다. H2TM은 문헌의 문장 표현을 위한 계층적인 트리 모델을 통해 문헌을 구성하는 문장들이 일반적인 테마(themes)와 상세 테마로 구분될 수 있으며 이들이 계층적으로 표현된다고 보았다. 문장 추출을 위한 문장점수 산출을 위해 각 테마를 LDA의 추론방법인 깁스 샘플링을 이용하여 특정 문장이 테마에 속할 확률을 추정하였다.

아로라와 라비드란(Arora & Ravindran, 2008)은 LDA를 통해 학습된 특정 주제에 속할 용어의 확률을 이용하여 특정 문장이 주제에 속할 확률을 산출하여 주요 문장을 선정하였다. 이를 위해 단순 추론(simple inference), 부분 생성(partial generative), 완전 생성(full generative) 기법을 제안하고 요약 성능을 비교하였다. 예를 들어, 단순 추론 기법은 베이즈 정리를 기초로 특정 문장 S_r과 특정 주제 T_j가 있을 때 조건 확률 $P(S_r|T_j)$를 다음과 같은 수식으로 산출하였다.

$$P(S_r|T_j) = \prod_{W_i \in S_r} P(W_i|T_j) * P(T_j|D_B) * P(D_B)$$

이 수식에서 W_i는 문장에 출현하는 용어를, D_B는 문장이 속한 문헌을 의미하며, 따라서 $\prod_{W_i \in S_r} P(W_i|T_j)$는 문장 S_r의 용어들이 주제 T_j에 속할 확률을 나타내며 이는 LDA에서 추론한 주제별 용어의 확률을 이용하여 산출된다. $P(T_j|D_B)$는 특정 주제 T_j가 문헌 D_B에 속할 확률을 나타낸다.

셀릭일마즈와 하카니투르(Celikyilmaz & Hakkani-Tur, 2010)의 연구와 류와 리(Liu & Li, 2011)의 연구에서는 복수문헌 요약을 위해 계층적 LDA(hLDA)를 이용하였다. 전자의 연구의 경우 hLDA를 이용한 수작업 요약문으로부터 지도학습(supervised learning)을 통해 요약문장 후보를 선정하고, 회귀모델(regression model)을 통해 최종 요약문장을 선정하는 두 단계의 학습방법을 이용하였다. 후자의 연구는 요약문장 선정을 위해 hLDA를 이용한 주제 용어와 함께 제목과의 유사도, 개체명(named entity) 등을 함께 이용하여 문장점수를 산출하였다.

셀렉일마즈와 하카니투르(2011)의 다른 연구에서는 복수문헌 요약을 위한 Concept-Based Classification(CBC)라는 새로운 모델을 제안하였다. 이들은 학습문헌과 수작업 요약문으로부터 반지도학습(semi-supervised learning)을 통해 상세 개념(specific concept)과 일반 개념(generic concept)으로 분류한 후, 실험집단에서 LDA를 사용하여 문장을 추출하여 요약문을 작성하였다. [그림 8-4]는 CBC 모델을 이용한 요약문 작성과정을 그림으로 표현한 것이다. 그림에서 sLDA(summary-focused LDA)는 수작업 요약문과 문헌으로부터 상세 개념과 일반 개념을 구분하기 위해 수정된 LDA 기법이다.

그림 8-4 | CBC 모델의 개요

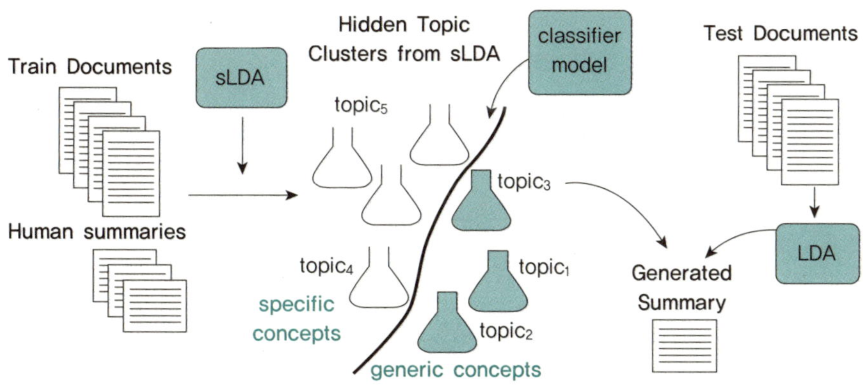

출처 : Celikyilmaz & Hakkani-Tur, 2011

8.4 문장 기반 토픽 모델

복수문헌 요약을 위해 문장 수준을 추가한 문장 기반의 새로운 토픽 모델도 가능하다. 왕 등(Wang et al., 2009)은 베이지안 기반 문장 단위의 토픽 모델링을 자동 yddir에 접목시켰다. 베이지안 이용은 모델 파라미터를 측정하기 위해 사용되었는데 다중언어, 복수문헌 자동요약에 좋은 성능을 나타냈다.

문장 기반 토픽 모델 자동요약 사용의 장점으로는 기존의 토픽 모델의 경우 문헌 혹은 문헌집단 수준에서의 처리만 가능하므로, 문장 수준의 처리가 필요한 추출 기반 자동요약에서는 그 사용에 한계를 극복할 수 있다는 것이다. 하나의 방법으로는 여러 개의 주제를 표현하는 개념(concept)을 도입하여 문장 수준의 주제 분석이 가능한 문장 기반 토픽 모델(Sentence-Based Topic Model : SBTM)을 사용하는 것이다. [그림 8-5]는 문장 기반 토픽 모델을 플레이트 모형으로 표현한 것이다.

그림 8-5 | 문장 기반 토픽 모델의 플레이트 모형

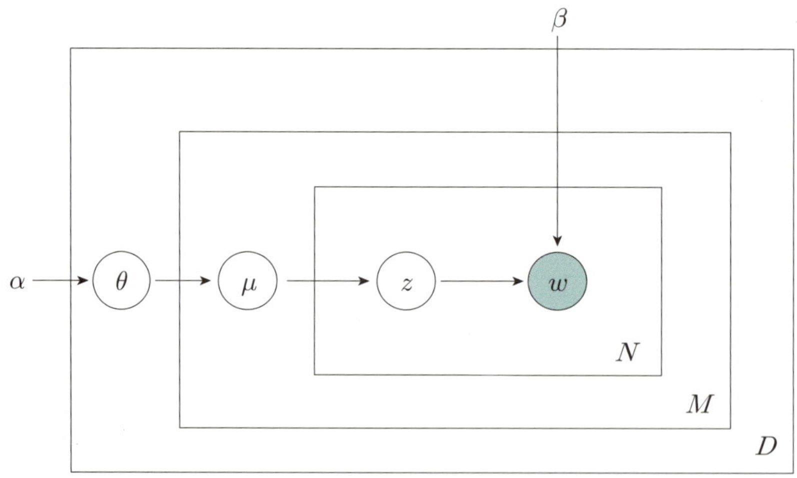

[그림 8-5]에서 N, D는 토픽 모델에서와 같이 각각 단어, 문헌을 의미하고 M은 문장을 의미한다. M은 특정 문헌에 출현하는 문장을 의미하며, 문헌 내 문장의 수만큼 반복된다. [표 8-1]은 [그림 8-5]에 제시된 기호를 포함하여 문장 기반 토픽 모

델에서 사용하는 기호의 의미를 정리한 것이다. 문장 수준에 있는 변수 μ(mu)는 주제 벡터의 혼합으로 여러 개의 주제로 이루어지며, 이 모델에서는 이를 개념(concept)으로 칭하고 주제보다 넓은 의미로 사용하였다. 즉 유사한 주제들이 함께 개념을 생성한다. 문장 수준에서 문헌이 생성되는 과정을 보면 문헌 수준에서 주제 벡터(θ)를 선택하고 주제 벡터로부터 개념(μ) 벡터를 선택하게 된다. 다음 단계로 개념으로부터 단어를 선택하여 최종 문장을 생성하게 된다.

| 표 8-1 | 문장 기반 토픽 모델의 기호 의미

기호	기호의 의미
α, β	문헌집단 내 매개변수(parameter)
θ	문헌 내 주제 벡터(K차원)
μ	문헌 내 개념 벡터(L차원)
z	주제 내 용어 벡터(L차원)
K	주제의 개수(고정)
L	개념의 개수(고정)

이를 알고리즘 형식으로 표현한 것이 [그림 8-6]이다. 이 그림에서 $Dir()$은 디리클레분포(Dirichlet distribution)를 의미하며, $Multi()$은 다항분포(multinominal distribution)를 의미한다. 1-(1)과정은 주제의 개수 K가 정해졌을 때 $\overrightarrow{\theta_d}$는 K차원의 주제 벡터를 의미하며 α의 디리클레분포로부터 하나의 주제 벡터가 선택되는

그림 8-6 | 문장 기반 토픽 모델의 알고리즘

1. for each document d:
   - (1) Draw a vector of topic proportion $\overrightarrow{\theta_d} \sim Dir(\overrightarrow{\alpha})$
     ( )
   - (2) For each sentence s:
     - (a) Draw a vector of a combination of topics $\Upsilon_{d,s} \sim Mlti(\overrightarrow{\theta_d})$
       ( )
     - (b) For each word w:
       - (i) Draw a topic assignment $Z_{d,n} \sim Mlti(\overrightarrow{\mu})$
       - (ii) Draw a word $w_{d,s,n} \sim Mlti(\overrightarrow{\beta})$

것을 의미한다. (2)-(a) 단계에서 주제 벡터로부터 주제의 조합이 선택되어 개념 벡터가 선택되며, 이때 개념 벡터는 L차원으로 축소된다. 최종적으로 특정 개념 벡터로부터 단어 벡터를 선택하여 문장이 생성된다.

이 모델에서 가장 중요한 과정은 주제 벡터 θ와 개념 벡터 μ를 추정하는 것이다. 주제 벡터와 개념 벡터를 추정할 때는 보통 기존의 방법인 깁스 샘플링이 효과적이다.

문서 자동요약 코딩 예제

문서 자동요약을 위해 공개된 툴 중 가장 많이 이용하는 것은 MEAD이다. MEAD는 http://www.summarization.com/mead에서 다운로드받을 수 있다. MEAD에는 몇 가지의 자동요약 알고리즘이 구현되어 있는데 그 알고리즘들은 Position 기반, 센트로이드, TF*IDF, 그리고 질의어 기반이다. MEAD는 Perl 프로그래밍 언어로 개발되었고 자동요약을 위해서 몇 개의 제3의 Perl 모듈들이 필요하다. MEAD는 영어뿐만 아니라 중국어 등 다국언어로 문서요약을 실행할 수 있다.

여기서 소개하는 문서 자동요약 기법 예제는 MEAD에서 제공하는 알고리즘을 자바로 구현한 것이다. 먼저 메인함수를 설명한다. 메인함수는 edu.yonsei.summarization.summarizer 패키지에 있는 DocumentSummarizationManager 클래스에 구현되어 있다. 라인 (1)은 DocumentSummarizationManager 객체를 생성하는 코드로 default constructor를 이용해서 생성한다. 라인 (2)는 요약의 대상이 되는 입력 파일을 getText라는 함수를 이용해서 String으로 변환해서 MEAD 기반 자동요약 기법의 입력값(input)으로 사용하게 된다. getText함수에 대한 설명은 메인함수 아래에서 하기로 한다. String으로 변환된 입력값은 라인 (4)를 통해서 자동요약한다. 자동 요약의 과정은 DocumentSummarizationManager 클래스 summarize함수 설명에서 자세히 다루기로 한다.

```
public static void main(String[] args) throws Exception
{
```

```
    DocumentSummarizationManager summarizer = new
DocumentSummarizationManager(); (1)
    String inputDir = "D:\\My
Documents\\web_of_science\\paper1.txt"; (2)

    String text = summarizer.getText(inputFile); (3)
    summarizer.summarize(text); (4)

}
```

getText함수는 위에서 언급한 것과 같이 요약 대상이 되는 문헌 파일을 인수(argument)로 받아서 아파치 common의 io 라이브러리를 이용해서 String으로 문헌 전체가 변환되는데 이때 readFileToString함수를 사용한다(1). String으로 변환된 문헌 파일 내용은 return문을 이용해서 caller에게 전달된다(2).

```
public String getText(String inputFile) throws IOException
{
    String text = FileUtils.readFileToString(new
File(inputFile)); (1)

    return text; (2)
}
```

아래 summarize함수는 단순한 함수로서 또 다시 DocumentSummarizer 클래스에 구현된 summarize함수를 이용해서 문서 요약을 하는데, 이때 입력 텍스트와 전체 문서 길이 대비 요약의 길이를 나타내는 비율을(1) 인수(argument)로 받게 된다(2). 요약 길이 비율은 0에서 100까지의 값을 가질 수 있다.

```
public void summarize(String text) throws IOException
{
    int percentage = 1; (1)
    String summary = summarizer.summarize(text, percentage); (2)
```

```
    System.out.println("SUMMARY: " + summary);
}
```

아래는 최종적으로 DocumentSummarizer 클래스에 구현된 summarize함수이다. 입력 텍스트는 먼저 각 단어로 토큰화된 문장 리스트로 변환된다(1). 이 토큰화된 결과는 텍스트를 전처리하는 단계로 넘어가게 되어 불용어 등이 제거된다(2). 전처리된 텍스트는 요약의 길이비율과 함께 MEAD에서 제공하는 여러 기법들 중 센트로이드 기법을 구현해서 문서요약을 수행한다(3). 라인 (3)은 상위에 랭크된 문장들 중에서 요약의 길이비율에 따라서 상위 문장 수를 결정해서 그 문장 번호 리스트를 리턴한다. 이 후에 문장들과 문장 번호 리스트를 가지고 최종 요약문장들을 구성한다(4)~(5).

```
public String summarize(String text, int percentage) {

    if (text.length() > 0) {
        List<List<String>> sentences = segmenter.segment(text);
(1)
        List<List<String>> preprocessed =
preprocessor.process(sentences); (2)
        List<Integer> selection = mead.getSelection(preprocessed,
percentage); (3)
        List<String> original =
segmenter.getOriginalSentences(text); (4)
        String summary = buildSummaryString(original, selection);
(5)

        return summary;
    }

    return "";
}
```

09

Chapter

단어 의미 중의성 해소

Chapter 09 단어 의미 중의성 해소

9.1 단어 의미 중의성 해소 개요

언어학에서 중의성은 하나의 언어 표현이 둘 이상의 해석을 가능하게 하는 언어적 현상이다. 단어 의미 중의성 해소(Word Sense Disambiguation) 또는 어의 중의성 해소는 같은 형태의 단어라도 문맥에 따라 다른 의미로 사용되었을 수 있다는 사실을 전제로, 주어진 문맥(주로 문장이나 문단 단위)에서 특정 단어가 어떤 사전적 의미로 쓰였는지 구분해 내는 연구 분야이다(Navigli, 2009). 주어진 각 문맥을 목표 단어의 사전적 의미에 따라 분류함으로써 중의성이 해소되므로 [그림 9-1]의 도식처럼 어떠한 분류기준에 따라 텍스트를 분류해 내는 문맥 분류(context classification) 연구라고 볼 수도 있다.

중의성의 유형은 크게 다음의 4가지, 즉 어휘적, 구조적, 영향권, 화용적 중의성으로 구분될 수 있다. 어휘적 중의성은 문장 속에 사용된 어휘의 특성에 의해 나타나는 중의성으로 다의어, 동음어가 이에 속한다. 예를 들어, "길이 있다"는 자동차가 지나는 길이 있다, 아무리 힘들어도 살아갈 길이 있다, 대통령을 설득할 길이 있다 등등의 여러 의미를 내포한다. 동음어의 경우 "철수가 차를 준비했습니다"의 경우 차는 마실 차와 타고 가는 차 두 가지를 의미할 수 있다.

구조적 중의성은 문장을 이루고 있는 성분들 사이에 통사적 관계에 의해 나타나는 중의성을 의미한다. 수식관계에 따른 중의성과 서술어와 호응하는 논항의 범위에 따른 중의성이 이에 속한다. 예를 들어서, "내가 존경하는 선생님의 아들을 백화점에서 만났다"라는 문장에서 존경하는 대상이 선생님인지, 아니면 선생님의 아들

그림 9-1 | 문맥 분류의 관점에서 본 단어 의미 중의성 해소과정

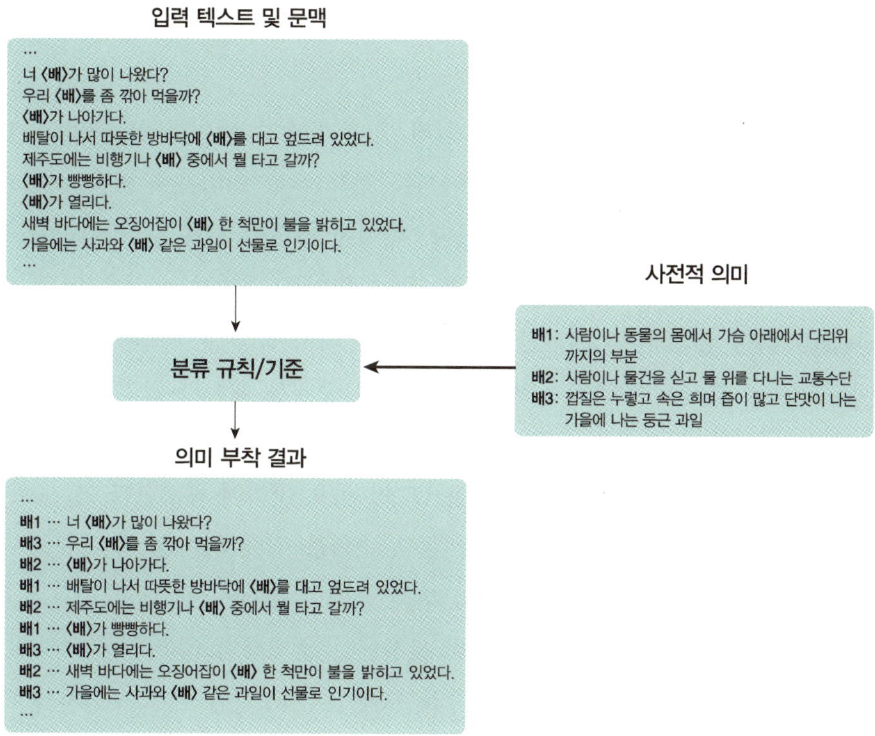

인지가 수식의 관계에 나타나는 중의성의 예이다. "김 교수님이 조교와 학생들을 가르쳤다."라는 문장에서 김 교수가 조교와 학생들을 가르쳤는지, 김 교수가 조교와 함께 학생들을 가르쳤는지 모호한데, 이는 서술어와 호응하는 논항의 범위에 따른 중의성의 예이다.

영향권 중의성은 어떤 단어가 의미 해석에 영향을 미치는 작용역이 달라짐으로써 생기는 중의성이다. 예를 들어, "모든 남자들이 한 여자를 좋아한다"는 문장에서 모든 남자들은 좋아하는 여자가 한 명씩 있다는 의미인지, 모든 남자들이 한 명의 여자를 좋아한다는 의미인지 모호한데, 이런 예는 영향권 중의성에 속한다.

화용적 중의성은 발화의 화용적 특성에 의해 생성되는 중의성을 의미한다. 예를 들어, "윗층에 사는 사람들은 10시에 취침한다"는 문장은 10시에 취침을 하니 그 후에는 소음을 내서는 안 된다는 의미인지, 아니면 우리도 윗층 사람들처럼 일찍 자야 하는 의미인지 모호한데, 이럴 때 화용적 중의성이라고 한다.

9.2 단어 중의성 해소방법

한 문장 안에서도 중의어나 다의어가 여러 개 존재할 수 있지만 일반적으로 단어 의미 중의성 해소를 수행할 때는 목표 단어를 정해 두고 의미를 구별하는데, 이를 선별적(targeted) 의미 중의성 해소라 한다. 반면에 별도의 목표 단어가 없이 주어진 문맥 내에서 모든 중의어나 다의어를 찾아 의미를 구별하는 것을 전체 단어(all-word) 의미 중의성 해소라 한다. 전체 단어 의미 중의성 해소는 수행 자체뿐 아니라 그 성능 평가도 어려워 선별적 단어 의미 중의성 해소가 관련 연구의 대부분을 차지한다. 앞의 [그림 9-1]은 선별적 의미 중의성 해소의 과정을 도식화한 것으로, 크게 세 가지의 사전적 의미를 갖는 '배'가 목표 단어에 해당한다. 실제로 '배'는 더 많은 사전적 의미를 갖지만 여기서는 단순화를 위해 의미를 세 가지로 축소하였다. 그림 좌우의 '입력 문맥'과 '의미 부착 결과' 문장에서 괄호('〈', '〉')는 목표 단어를 강조하기 위해 넣은 것이며 실제 문장에는 존재하지 않는다.

의미 중의성 해소 연구는 방법론에 따라 크게 ① 지도학습 기반, ② 지식 기반,

그림 9-2 | 단어 의미 중의성 해소 연구방법론에 따른 분류

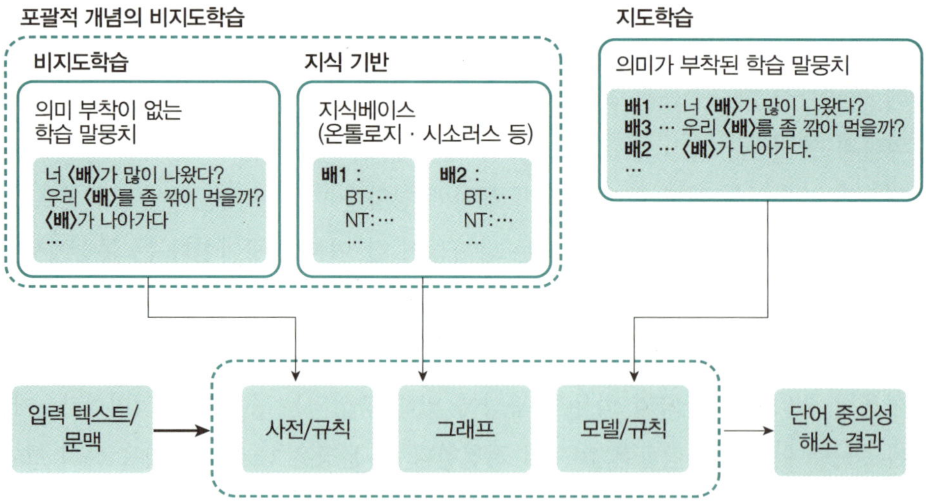

③ 비지도학습 기반의 세 가지로 나뉜다(Moro, Raganato and Navigli, 2014)(그림 9-2 참조). 이 중 지식 기반 연구는 엄밀히 말하면 말뭉치가 아닌 사전이나 시소러스 등의 지식베이스를 이용한 비지도 학습방법으로 포함시킬 수도 있으므로, 방법론은 크게 지도학습과 비지도학습으로 분류할 수도 있다.

의미 중의성 해소 연구는 일반적으로 인공지능의 생성을 전제로 하는 'AI 컴플리트(AI-complete)'문제의 한 방법으로 정의되어 왔다(Mallery, 1988). 1940년대부터 기계 자동번역의 핵심적인 태스크로 의미 중의성 해소가 인식되고는 있었지만 튜링(Turing, 1950)에 의해 튜링 테스트가 등장한 이후 인공지능의 문제 중 하나로서 이 분야에 대한 관심이 높아지기 시작했다. 1960년대와 1970년대에는 의미 중의성 해소 연구 등 인공지능 관련 연구들이 많이 수행되었지만 대규모 언어 자원의 부족으로 소규모 실험집단에 대한 실험들이었기 때문에 그 결과가 일반화되기 어려웠다(Navigli, 2009).

1980년부터는 대규모의 어휘 자원들이 제작되고 공개되기 시작하면서 자동적인 방법으로 지식을 추출하는 것이 가능하게 되었다(Wilks et al., 1990). 이후 1980년대부터 대규모 텍스트에서 통계적 규칙을 찾아 학습시키는 연구들이 본격적으로 연구되었다. 학습용 말뭉치 제작의 어려움으로 인해 비지도학습 기반 연구도 시도되기는 하였으나 지도학습 기반 방법들에 비해 의미 부착 성능이 좋지 못해 그 수가 많지는 않았다. 야로스키(Yarowsky, 1995)가 사람에 의해 의미가 부착된 소규모 학습 예제를 부트스트래핑(bootstrapping) 기법을 이용해 학습하는 준지도학습 기반 방법을 제안하였는데, 12개 단어에 대해 약 92.2%의 정확률을 보여 기존의 지도학습 접근법에 뒤지지 않는 성과를 거두었다. 해당 연구는 각 단어의 의미를 2개로 제한했고 'One sense per discourse(하나의 담화당 하나의 의미)'를 전제로 하여 한 문헌 내에서도 동형이의어가 각기 다른 의미로 쓰일 수 있다는 사실을 반영하지 못했지만 이후의 비지도학습 기반 연구들에 많은 영향을 주었다.

넓은 의미의 비지도학습 기반 접근은 크게 그래프 기반과 유사도 기반의 두 종류로 나누어지는데(Stevenson, 2003; 조정길, 신광철, 2014), 이 중 그래프 기반 접근은 주로 단어들의 관계를 정의해 놓은 시소러스나 온톨로지 등 지식베이스를 이용하여 분류 모델을 생성하는 방법이다. 구체적으로는 하위어(Narrower Term : NT)

나 상위어(Broader Term : BT) 등의 관계들을 주로 그래프 형태로 만들어 문맥에 나타난 단어들의 연관성을 추론하는 방식으로 수행된다. 영어권에서는 밀러(Miller, 1995)가 발표한 워드넷(WordNet)과 같은 양질의 지식베이스가 존재하여 이를 이용한 연구들이 꾸준히 존재해 왔지만 그 외 언어권에서는 지식베이스의 부족으로 연구가 어렵다는 한계가 있다.

이후 단어의 의미 중의성 해소를 위해 많은 비지도학습 연구들이 그래프 기반 방법론으로 수행되었다(Mihalcea, 2005; Agirre et al., 2006; Sinha and Mihalcea, 2007; Agirre and Soroa, 2009; Navigli and Lapata, 2010; Ponzetto and Navigli, 2010; Hessami, Mahmoud and Jadidinejad, 2011). 이 과정에서 워드넷(WordNet)이나 LDOCE(Longman Dictionary of Contemporary English) 같은 양질의 지식베이스가 사용되었고 점차 위키백과 등의 보완적인 정보 자원들이 추가되기도 하였다. 그러나 이러한 연구들은 의미가 부착된 학습 말뭉치를 이용하지 않을 뿐, 사람이 제작한 지식베이스를 필요로 한다는 점에서는 역시 한계가 존재하였다. 워드넷을 이용한 또 다른 연구로는 둥가나(Dhungana et al., 2015)의 연구가 있다. 저자들은 네팔어 워드넷을 이용하여 그래프 기반 방법론이 아닌 단순히 목표 단어 주위 일정 윈도우의 단어들의 중첩만을 이용해 2회의 실험에서 최고 91%의 정확률을 보였다.

좁은 의미의 비지도학습 기반 접근은 의미가 부착된 학습 말뭉치와 지식베이스 없이 의미가 부착되지 않은 말뭉치만을 가지고 학습하여 의미를 구별해 내는 방법이다. 이 과정에서 목표 단어 주위의 단어들과 의미 간의 유사도를 비교하고 가장 유사도가 높은 의미를 할당하는 방식이 주로 사용된다. 지도학습이나 지식 기반 방법론에 비해 전문가의 관여가 거의 필요없다는 것이 장점이지만 지도학습 기반 방법이나 그래프 기반 방법에 비해 의미 중의성 해소 성능이 낮은 것이 단점이다(Navigli and Lapata, 2010; Duan et al., 2009). 또한 강상욱 외(2016)의 연구와 같이 지도학습방법과 비지도학습방법의 장점을 이용한 방법으로 소량의 의미 정보를 이용하여 의미 부착이 되지 않은 말뭉치로부터 의미 부착 말뭉치를 생성하는 것을 준지도학습(semi-supervised) 접근법이라 한다(Gonen and Goldberg, 2016).

한국어 단어 의미 중의성 해소 연구는 1990년대 중반 이후부터 의미 중의성 해소 연구들이 본격적으로 시작되었다. 특히 1997년에 약 8편의 관련 연구들이 집중되었고 이후 2016년 현재까지 연간 1~4개 정도의 관련 연구들이 존재해 왔다(DBpia에서 2016년 8월 26일 검색기준). 한국어를 대상으로 한 연구들은 꾸준히 여러 방법으로 시도되고 있지만 영어를 대상으로 한 연구들에 비해 그 논문 편수가 적었다. 또한 소규모 의미 부착 말뭉치를 지도학습해서 통계적 규칙을 추출하고 그를 바탕으로 사전 기반 접근을 혼합한 것들이 대부분의 연구들을 차지하였다(허정, 옥철영 2001; 김준수, 최호섭, 옥철영, 2003; 허정, 서희철, 장명길, 2006; 박상근, 최지연, 최기선, 2014; 이현아, 2014).

지도학습 기반 방법을 통한 중의성 해소 기법은 의미 분류기 생성을 위해서 중의성 단어에 대해 의미 범주 또는 태그가 붙은 학습용 언어 자원이 필요하다. 영어의 경우 이십여 년 전부터 이러한 말뭉치 언어 자원을 만들기 위해 노력을 기울여 왔으며, 그 결과 현재 대규모의 단어 중의성 해소용 말뭉치(corpus)를 가지고 있다. 대표적인 예는 SENSEVAL(http://www.senseval.org/)로서 특정 영어 단어의 다양한 의미에 대해 태깅이 되어 있을 뿐만 아니라, 한 텍스트에 나타난 모든 영어 단어에 대해 정확한 의미를 수작업으로 분석하여 태그를 달아 두었다.

단어 의미 중의성에 관한 대다수의 선행연구들이 지도학습 접근법을 사용해 왔다. 지도학습 기반 접근은 일반적으로 다른 접근법들에 비해 성능이 좋지만 단점으로는 각 단어의 의미가 부착된 양질의 학습용 말뭉치를 제작하거나 구하기가 매우 어렵고 비용이 많이 든다는 한계점이 있다(Agirre et al., 2006).

지도학습 기반 접근은 다른 접근방법에 비해 단어 의미 중의성 해소 성능이 상대적으로 우수하나 사람이 직접 의미를 부착한 양질의 말뭉치는 구하거나 제작이 어렵다는 큰 한계가 있다. 이런 한계를 극복하고자 다양한 접근방법이 시도되어 왔다. 박성배, 장병탁, 김영택(2000)은 소량의 의미 부착 예제와 더 많은 의미가 부착되지 않은 예제를 혼합해 학습하는 준지도학습법을 이용하였다. 2개의 한국어 명사에 대해 성능을 평가한 결과 평균적으로 86.9%의 정확도를 보였으며 전체 학습 말뭉치에서 약 35%만 의미 부착이 되어 있어도 학습 말뭉치 전체에 의미가 부착된 상태와 유사한 성능을 기록한다는 것을 밝혔다. 또한 의미가 부착된 대량의 학습 말뭉치를 자동으로 구축하여 사람의 개입을 줄이고자 한 시도로는 이용구, 정영미(2007)와 김은진, 이수원(2010)이 있었다. 이용구와 정영미(2007)는 수작업 의미 부착(sense-tagging) 없이 기계가독형 사전(연세한국어사전)을 이용하여 자동으로 의미가 부착된 학습 말뭉치를 구축한 후 분류에 사용하였다. 자체적으로 제작한 실험 문헌(정영미, 이용구, 2005)을 이용해 성능을 실험한 결과, 68.11%의 정확도를 확인할 수 있었다. 김은진과 이수원(2010) 역시 기계가독형 사전(표준국어대사전과 두산백과사전)을 이용해 의미 부착 학습 말뭉치를 자동으로 제작하였다. 저자들은 다의어의 각 의미별로 특징적인 주변 단어를 원소로 갖는 의미그룹을 생성하고, 의미그룹 내 중요 자질의 가중치 선정에 집중도 개념을 도입하여 의미 부착 정확도를 높이고자 하였다. 결과적으로 10개 명사에 대해 평균 82%의 정확도를 보였다.

학습 기반 단어 의미 중의성 해소 기법은 일반적인 기계학습에서와 마찬가지로 수작업으로 태깅한 의미 텍스트를 학습 데이터로 하여 분류기를 학습한 후에 새로운 데이터에서 단어의 의미를 추론하는 것을 근간으로 한다. 학습 기반 단어 의미 중의성 해소 기법에는 다양한 자원이 필요한데 다음은 필수적 요소이다 : ① 단어 의미를 수동으로 태깅한 텍스트, ② 의미 인벤토리를 위한 단어 사전, ③ 구문 분석(품사 태깅, text chunking, 문장 분해기 등). 단어 의미를 수동으로 태깅한 예는 [표 9-1]에 나타나는데 은행(bank)과 둑(bank)의 두 의미를 갖고 있는 bank 단어에 대해서 은행의 경우는 의미번호 1을 부여하고 둑의 경우 의미번호 2를 수동적으로 부여하고 있음을 보여주고 있다.

표 9-1 수동 태깅된 단어 의미 텍스트

John and Tedd are two well-known criminals, They were historical bank/1 robbers.
My bank/1 does not have many branch offices.
I went to the bank/1 to withdraw some money from my account.
Indiana University has an East and a West Bank/2 campus right on the Jordan River.
My friend planted his pole in the bank/2 and got a really big fish!
The bank/2 is pretty slippery, I can't run there.

[표 9-1]에 나온 예를 바탕으로 두 개의 단어 백(bag of words)을 다음과 같이 구성할 수 있다([표 9-2] 참조). 즉 이 단어 백은 의미를 기준으로 동일한 문맥 윈도우 안에서 동시에 출현하는 단어들을 구할 수 있게 된다.

▌표 9-2 ▌단어 의미별 단어 백의 예

금융 관련_은행(bank)_단어백 John and Tedd are two well-known criminals They were historical robbers My does not have many branch offices I went to the withdraw some money from my account
강 관련_둑(bank)_단어백 Indiana University has an East and a West campus right on the Jordan River My friend planted his pole in got really big fish is pretty slippery I can't run there

지도학습 기반 방법을 위해서는 첫째, 학습 데이터를 구축해야 한다. 이때 목표가 되는 단어(즉 의미 단어)는 수동적으로 주석을 달게 된다. 더 구체적으로 말하자면 각각의 문장당 하나의 의미 단어에 대해 주석을 달게 된다. 둘째, 문맥을 표현하는 자질집단을 선정한다. 자질은 대체적으로 동시출현, 콜로케이션, 품사 태그, 동사-목적어관계 등이 포함된다. 셋째, 의미별 태깅된 학습 데이터를 자질 벡터로 변환한다. 넷째, 기계학습 알고리즘을 이용해서 분류기를 생성한다. 다섯째, 분류기가 학습된 후 테스트 데이터를 자질 벡터로 변환한다. 이때는 각각의 테스트 데이터의 올바른 의미 태그에 대한 정보는 알려져 있지만 이용하지 않는다. 여섯째, 분류기를 사용해서 변환된 테스트 데이터의 의미 태그를 추론하고 올바른 의미 태그 정보와

▌표 9-3 ▌단순 지도학습 기반 단어 의미 중의성 해소방법

```
문장 "bank"라는 단어가 포함된 문장 S가 있을 때,
   For each word Wi in S
         If Wi is in 금융 관련_은행(bank)_단어백 then
              Sense_1 = Sense_1 + 1;
         If Wi is in 강 관련_둑(bank)_단어백G then
              Sense_2 = Sense_2 + 1;

   If Sense_1 > Sense_2 then print "금융"
         else if Sense_2 > Sense_1 then print "강"
   else print "결정할 수 없다";
```

비교해서 성능을 평가한다.

이를 바탕으로 단순한 지도학습 기반 단어 의미 중의성 해소를 수행한다면 다음과 같은 알고리즘을 적용할 수 있다([표 9-3] 참조).

9.3 단어 의미 추론

비지도학습 기반 단어 의미 중의성 해소 분야에서 2000년대 초반부터 단어 의미 추론(word sense induction)이라는 새로운 방법론이 제안되었다. 단어 의미 추론은 기존의 의미 목록이 없는 상태에서 특정 단어를 기준으로 문맥이 비슷한 것들끼리 모아 주는 것을 목표로 하며 주로 군집화 기법을 활용한다(Hovy et al., 2006). 단어 의미 추론은 기존의 단어 의미 중의성 해소 연구는 사전에 존재하지 않는 새로운 문맥이 존재할 수 있거나 같은 사전적 의미에서도 미묘하게 문맥이 다를 수 있다는 한계를 극복할 수 있는 대안 중 하나로 인식되고 있다.

2000년대 들어서는 기존의 단어 의미 중의성 해소(WSD) 연구에서 단어 의미 추론(WSI) 분야가 점차 분리되는 모습을 보였다. 이는 슈체(Schütze, 1998)가 정의한 하위 태스크 중 '의미 식별'에 해당하는 것으로, 그 전까지 비지도학습 접근법으로 시도되던 연구들 중 상당수가 이 분야에 편입되어 문맥에 따른 사전적 의미를 부착하는 것이 아닌 중의적 문맥을 분리해 내는 것 자체에 좀 더 집중하기 시작했다(Bordag, 2006; Brody and Lapata, 2009; Van de Cruys and Apidianaki, 2011). 2010년에 국제 어휘 의미 중의성 해소 기술평가대회인 'SemEval-2010'에서 단어 의미 추론이 명시적인 태스크로 편입된 후에는 관련 연구들이 증가하고 있으나, 아직은 단어 의미 중의성 해소 분야와 명확한 구분이 이루어지지 않고 혼용해서 쓰는 경우가 많다. 디마르코와 나비글리(Di Marco and Navigli, 2013)는 그래프 기반 비지도학습법을 이용한 단어 의미 추론을 웹의 검색 결과를 효과적으로 군집화하는 데 응용하기도 하였다.

또 다른 단어 의미 추론 연구의 흐름으로는 황 등(Huang et al., 2012)의 연구가 있다. 저자들은 레이싱어와 무니(Reisinger and Mooney, 2010)가 제안한 다중 프로토타입(Multi-Prototype)의 단어 의미 추론에의 적용을 발전시켰으며, 이후 티안 등(Tian et al., 2014)은 이를 더욱 발전시켜 Word2Vec의 Skip-Gram 모델을 확장한 다중 프로토타입 Skip-Gram 모델을 발표하였다.

그러나 단어 의미 추론은 각기 다른 문맥에서 쓰인 경우를 분리해 줄 수는 있지만 해당 의미가 사전상에서 어디에 해당하는지는 알 수 없기 때문에 자동번역 등 여러 자연언어 처리 분야에서는 여전히 단어 의미 중의성 해소의 성능 향상을 필요로 하고 있다. 또한 아직 영어 외의 언어권에서는 객관적인 성능 평가방법이 부족하다는 점도 단어 의미 추론의 한계점이라 할 수 있다.

[그림 9-3]은 단어 의미 중의성 해소와 단어 의미 추론의 결과를 비교한 것이다. 단어 의미 중의성 해소가 단어 의미 추론과 비교했을 때 두 분야가 추구하는 목적에서 차이가 난다. 단어 의미 중의성 해소는 단어가 각 문맥에서 쓰인 사전적 의미까지 부착하는 것을 목표로 하며, 단어 의미 추론은 특정 단어를 기준으로 사용된 문맥이 비슷한 것들끼리 모아 주는 것을 목표로 한다. [그림 9-3]에서는 입력된 문맥들이 모두 기존에 정의된 사전적 의미에 할당가능하지만 만약 사전이나 의미 목록에 없는 새로운 문맥이 입력된다면 의미 부착 성능이 떨어질 수 있다. 하지만 단어 의미 추론에서는 별도의 문맥집단(cluster)으로 구분해 내는 것이 가능하다. 단어 의미 추론을 위해서 문맥 클러스터링, 단어 클러스터링, 또는 동시출현 그래프 클러스터링 기법이 일반적으로 적용된다(Nasiruddin, 2013). 문맥 클러스터링은 일련의 단어들이 유사한 문헌들, 유사한 문맥창(context window) 또는 유사한 구문적 문맥에서 함께 출현했다면 의미적으로 유사할 것이라는 가정에서 출발한다. 그러므로 추적하려는 단어의 출현은 문맥 벡터로 표현될 수 있다. 문맥 벡터들은 클러스터링 기법을 통해 군집화되는데 각각의 군집은 하나의 단어 의미를 표현한다. 대표적인 기법은 문맥-집단(context-group) 차별 알고리즘이다(Schütze, 1998). 문맥-집단 차별 알고리즘의 특이한 점은 문맥-집단을 구성하는 단어들이 모호한 단어가 포함된 문헌집단에 동시에 출현하는 단어들로 구성된 것이 아니라 문맥을 대표하는 벡터들이 학습 데이터에서 동시에 출현하는 단어들로 이루어진다는 것이다([그림 9-4] 참조). 이런 문맥 표현을 second-order representation이라고 부른다. 슈체

그림 9-3 ▌ 단어 의미 중의성 해소와 단어 의미 추론 비교

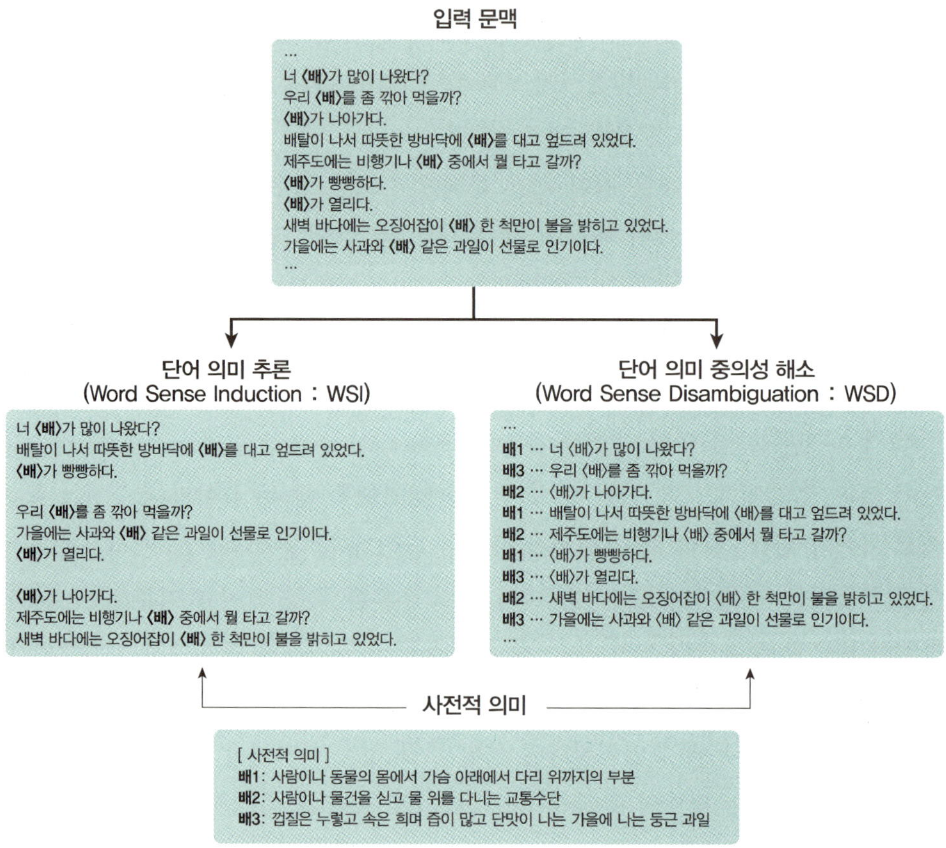

그림 9-4 ▌ 문맥-집단 차별 개념도

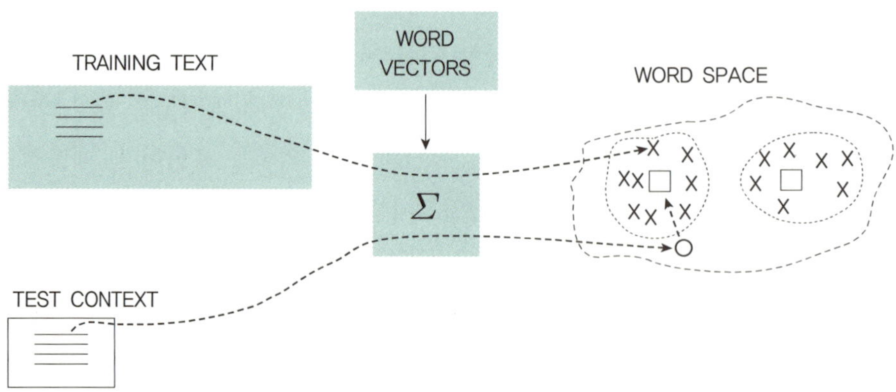

출처 : Schütze, 1998

(1998)는 당시 하나의 결합된 태스크로 인식되던 단어 의미 중의성 해소 연구를 의미 식별(sense discrimination)과 의미 라벨링(sense labeling) 두 단계로 구분하고 이 중 의미 식별은 비지도학습으로도 충분히 가능함을 지적하였다. 슈체는 벡터 공간상의 단어들을 코사인 유사도에 의해 군집화함으로써 유사한 문맥에서의 단어끼리 식별이 가능함을 보였다. 이는 당시 개념이 형성되지 않았던 단어 의미 추론(WSI) 분야의 선구적인 연구라 할 수 있다.

단어 클러스터링은 하나의 구체적인 의미를 표현하는 의미적으로 유사한 단어군들로 군집화해 주는 단어 의미 추론 방법론인데 린(Lin, 1998)의 단어의 분포적 패턴 기반 유사도 알고리즘을 이용해서 단어 클러스터링을 수행한 것이 대표적이다. 린의 단어 분포적 패턴 기반 유사도 알고리즘은 정보 내용(Information Content : IC) 계열의 의미적 유사도(semantic relatedness) 알고리즘의 일종이다. 정보 내용은 개념의 음수적 로그 확률이라 정의할 수 있다. 레스닉(Resnik, 1995)은 정보 내용을 유사도 측정에 사용하도록 바꾸었고 두 개념의 유사도를 최장 공통 부분 수열(longest common sequence)의 정보 내용으로 규정했다(아래 공식 참조).

$$sim_{res}(c_1, c_2) = IC(lcs(c_1, c_2))$$

린의 의미 유사도 공식은 레스닉의 IC 알고리즘을 개선해서 두 개념들 사이의 최장 공통 부분 수열의 정보 내용을 두 개념의 정보 내용의 합으로 나눔으로 해서 유사도값을 정밀화했다.

$$related_{lin}(c_1, c_2) = \frac{2 \times IC(lcs(c_1, c_2))}{IC(c_1) + IC(c_2)}$$

이런 유사도 공식을 기반으로 k-means, clustering by committee와 같은 클러스터링 알고리즘을 사용해서 단어를 의미별로 군집화한다. 같은 의미를 가진 단어들이 함께 출현할 확률이 높다는 가정하에 Triplet 클러스터링이 제안되었다(Bordag, 2006). 보닥은 단어 페어를 사용하지 않고 단어 triplet을 사용하였다. 하나의 단어는 자질 벡터로서 규정할 수 있기 때문에 이를 이용해서 부가적인 콜로케이션 자질을 각 단어 출현에 첨가하였다. Triplet 클러스터링 알고리즘을 소개하자면 각각의 의미 단어에 대해서 다음의 세 가지 과정을 거친다.

① 각각의 과정에서 의미 단어와 동시 출현한 30개의 단어를 선정한다.
- 이 30개의 단어들 간의 페어를 만들고 그 후에 의미 단어를 각 페어에 첨가해서 triplet을 만든다.
- 각각의 triplet에서 동시출현하는 페어의 교집합을 구한다.
- 이 교집합들을 자질로 이용해서 triplet들을 클러스터링하는 데 두 개의 클러스터가 하나의 클러스터에 합치게 된다면 그에 따라 triplets을 구성하는 단어와 자질들을 합친다.

② triplets의 합쳐진 단어들을 자질로 이용함으로써, 위 ①번의 루프의 결과를 클러스터링한다.

③ 가능하다면 사용되지 않은 단어들은 구분해서 제거한다.

동시출현 그래프의 기본적인 가설은 단어의 의미는 동시출현 그래프로 표현될 수 있다는 것이다. 이때 노드는 동시출현하는 단어이고 두 노드 사이의 에지(edge)는 동시출현의 관계성을 의미한다. 동시출현은 문법적 관계(Widdows and Dorow, 2002) 또는 collocation관계(Véronis, 2004)로 이루어질 수 있다. 동시출현 그래프를 기반으로 하는 단어 의미 추론은 여러 의미를 포함하는 단어 s가 있을 때 $Gs=(V, E)$로 표현될 수 있는데 이때 V는 s와 동시출현하는 단어 집합을 의미하고 E는 방향성이 없는 에지 집합인데 하나의 에지는 V에 속한 단어 페어의 동시출현을 의미한다. 이를 바탕으로 동시출현 그래프를 생성할 수 있다. [그림 9-5]는 반지의 제왕이라는 단어를 중심으로 하는 동시출현 그래프를 보여주고 있다.

그래프에서 에지(edge)값은 두 단어의 연결 강도를 의미하며 동시출현을 기반으로 가중치를 부여해서 관계 강도를 결정할 수 있다. 이때 SF는 Science Fiction을 의미할 수도 있고 San Francisco를 의미할 수도 있다. 이 그래프를 바탕으로 다양한 그래프 클러스터링 기법을 사용해서 단어 의미 추론을 수행한다.

| 그림 9-5 | 동시출현 그래프 예

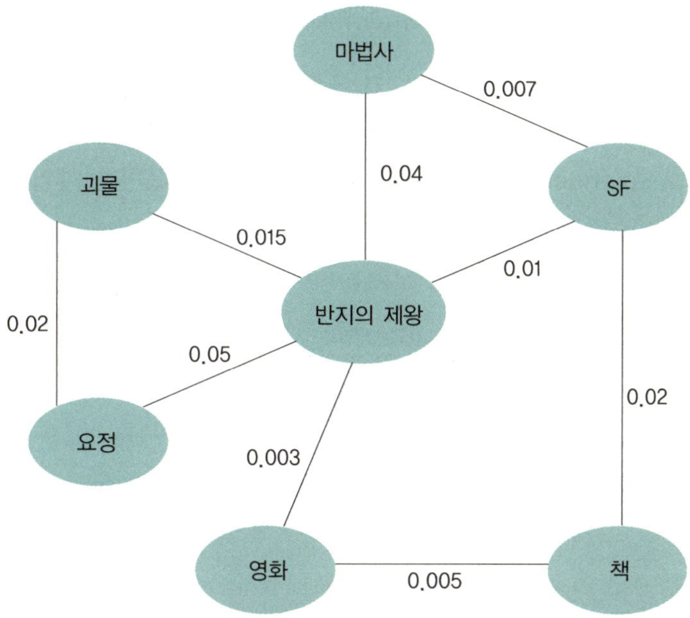

9.4 단어 의미 중의성 해소 코딩 예제

학습 데이터에 대한 설명

단어 의미 중의성 해소를 위한 코딩은 LingPipe에서 제공하는 API를 사용해서 설명한다. LingPipe는 단어 의미 중의성 해소를 기계학습을 기반으로 해서 처리한다. 기계학습을 위해서는 학습 데이터 선정이 중요한데 한글의 경우 단어 의미 중의성 해소를 위해 공개된 학습 데이터가 없기 때문에 Association for Computational Linguistic의 lexical special interest group인 SIGLEX에서 제공하는 공개된 Senseval 데이터 중 Senseval 3이라는 학습 데이터로 단어 의미 중의성 해소 기법을 학습시킨다. Senseval 3은 2004년에 바르셀로나에서 개최된 단어 의미 중의성 해소를 위한 학술대회에서 경연을 위해 공개된 데이터이다. 영어, 이탈리아어, 중국어, 스페인어를 위한 데이터가 있고 본 예제를 위해서는 영어 데이터를 사용하기로 한다. 이 데이터는 yTextMiner 패키지 안에 wsd라는 폴더에 단어 의미 중의성 기법에 필요한 학습 데이터와 테스트 데이터 하위 폴더에 제공되어 있다. 학습과 테스트 공히 다음의 7개의 파일로 구성되어 있다.

① EnglishLS.sensemap : 비슷한 단어 의미끼리 그룹핑한 파일
② EnglishLS.train : 학습 데이터 세트에 있는 모든 단어들에 대한 학습 데이터 파일
③ EnglishLS.dictionary.mapping.xml : WordNet에 있는 동사들을 매핑하는 데 필요한 정보 파일
④ EnglishLS.train.key : 학습 데이터들에 대한 정답세트 키 파일
⑤ EnglishLS.dictionary.xml : 단어 의미를 주석하는 데 사용된 의미 인밴토리 파일
⑥ EnglishLS.words : 데이터 세트에 있는 모든 단어 리스트 파일
⑦ EnglishLS.README : Senseval 3 학습 데이터 폴더에 있는 데이터들에 대한 간단한 설명

공개된 Senseval 3 학습 데이터는 위의 학습 데이터와 또 차후에 소개할 테스트 데이터 이외에 단어 의미 중의성 해소 기법들의 성능을 평가하는 평가 코드가 제공된다. 원래 제공된 평가 코드는 C언어로 되어 있지만 이 예제에서는 LingPipe에서 제공하는 자바 API를 사용해서 평가한다.

사전 파일(EnglishLS.dictionary.xml)은 단어들과 그 의미들에 대한 정의를 담고 있다. 사전파일에 포함된 단어의 예는 다음과 같다. Add라는 동사에 대한 사전적 정의와 WordNet의 synset에서 정의한 6개의 의미별 정의가 나타난다.

```
...
<lexelt item="add.v">
        <sense id="42601" source="ws" synset="add" gloss="to
combine (something) with something else, often to increase the
amount or number of the latter. "I added herbs to the recipe" ; "He
```

```
wants to add this stamp to his collection"."/>
        <sense id="42602" source="ws" synset="add sum tally total"
gloss="to find the total of (often fol. by up). "Add up the
numbers"."/>
        <sense id="42603" source="ws" synset="add append
supplement tack on" gloss="to say or write beyond what has been said
or written."/>
        <sense id="42604" source="ws" synset="add total" gloss="to
perform the mathematical operation of addition."/>
        <sense id="42605" source="ws" synset="add figure"
gloss="to make the correct total or expected result (fol. by up).
"His quitting doesn't add up""/>
        <sense id="42606" source="ws" synset="add" gloss="to
increase (fol. by to)."/>
</lexelt>
```

학습 데이터의 경우 아래의 샘플에서 보이듯이 instance 아이디와 정답 데이터에 대한 정보가 문맥 텍스트와 함께 학습 데이터에 포함된다.

```
<lexelt item="add.v">
<instance id="add.v.bnc.00000134" docsrc="BNC">
<answer instance="add.v.bnc.00000134" senseid="42601"/>
<answer instance="add.v.bnc.00000134" senseid="42606"/>
<context>
ACET Director ,  Dr Patrick Dixon ,  recently told the National
Symposium on Teenage Sexuality at Swanwick .  The conference was
attended by 300 church youth leaders and school workers from across
the UK .  Dr Dixon said , With up to 20 years from infection to
illness , we just have to ask how many of our congregation have been
<head>added</head> during that time ? Three - quarters of the AIDS
```

```
problem is in London and much of the rest in Scottish cities .
Churches in these areas particularly need to be informed , involved
in community care and supporting Christian workers seeking to
prevent new HIV infection in schools .
</context>
</instance>
```

Add.v 단어에 대한 식별자가 add.v.bnc.00000134이고 의미 식별자는 42601와 42606이다. 문맥 요소 안에 있는 텍스트 샘플에서 목표 단어는 head xml 요소 안에 존재한다(예를 들면, 〈head〉add〈/head〉).

테스트 데이터는 학습 데이터와 동일한 파일들로 구성되어 있지만 단어를 식별하는 데 필요한 정답 요소는 제공되고 있지 않다.

단어 의미 중의성 해소 코드

LingPipe를 이용한 단어 의미 중의성 해소 기법은 LingPipeWSDManager 클래스에 구현되었다. 먼저 메인함수를 살펴보자. 메인함수에서는 기계학습 기반 단어 의미 중의성 해소 기법에서 필요한 사전 파일, 학습 데이터와 학습 후 테스트 시 필요한 테스트 파일과 평가에 필요한 정답세트 파일 그리고 마지막으로 테스트 결과를 저장하는 파일을 규정한다(1)~(9). (10)라인은 어떤 기계학습 기법을 사용할지 정하는 것인데 valueOf의 값이 6인 경우 TF*IDF으로 자질들(단어들)에 가중치를 부여하여 학습하는 방법이다. 0은 Character 기반 언어 모델 기계학습 기법, 1은 컨피규어러블 캐릭터 기반 언어 모델 기법, 2는 나이브 베이즈 기법, 3은 유니그램 기반 언어 모델 기법, 4는 빅그램 기반 언어 모델 기법, 5는 언어 모델 스무딩 기법, 6은 TF*IDF 가중치 기반 기법, 7은 유클리디안 기반 KNN, 그리고 8은 코사인 기반 KNN이다. (11)라인은 사전 파일을 분해해서 SenseEvalDict 클래스에 단어 의미와 관련 있는 사전의 요소들 담아내는 코드이다. 이런 로직은 LingPipeWSDManager 클래스 라인 286-305에 묘사된다. (12)라인과 (13)라인은 각각 학습 데이터와 테스트 데이터를 읽어 들여서 단어 의미 중의성 해소를 위한 데이터로 사용한다.

```
LingPipeWSDManager manager = new LingPipeWSDManager();

    String dictionary_file=
"D:\\workspace\\yTextMiner\\wsd\\EnglishLS.train\\EnglishLS.dic
tionary.xml"; (1)
    String training_file =
"D:\\workspace\\yTextMiner\\wsd\\EnglishLS.train\\EnglishLS.tra
in"; (2)
    String testing_file=
"D:\\workspace\\yTextMiner\\wsd\\EnglishLS.test\\EnglishLS.test
"; (3)
    String answer_key_file=
"D:\\workspace\\yTextMiner\\wsd\\EnglishLS.test\\EnglishLS.test
.key"; (4)
    String response_file= "answer_prediction_wsd.txt"; (5)

        File dictFile = new File(dictionary_file); (6)
        File trainFile = new File(training_file); (7)
        File testFile = new File(testing_file); (8)
        File responseFile = new File(response_file); (9)

        sClassifierNumber = Integer.valueOf("6"); (10)

        System.out.println("Dictionary File="
                        + dictFile.getCanonicalPath());
        System.out.println("Training File="
                        + trainFile.getCanonicalPath());
        System.out.println("Testing File="
                        + testFile.getCanonicalPath());
        System.out.println("System Response File="
                        + responseFile.getCanonicalPath());
```

```
        System.out.println("classifier id=" + sClassifierNumber);

        System.out.println();
        System.out.println("Reading Dictionary.");

        SenseEvalDict dict = new SenseEvalDict(dictFile); (11)

        System.out.println("     #entries=" + dict.size());

        System.out.println();
        System.out.println("Reading Training Data.");
        TrainingData trainingData = new TrainingData(trainFile); (12)
        System.out.println("     #training words=" +
trainingData.size());

        System.out.println();
        System.out.println("Reading Test Data.");
        TestData testData = new TestData(testFile); (13)
        System.out.println("     #test cases=" +
testData.mWordsPlusCats.size());

        System.out.println();
        System.out.println("Training and Compiling Models.");
        SenseEvalModel model = new
SenseEvalModel(dict,trainingData);
        System.out.println("     finished training.");

        System.out.println();
        System.out.println("Running Model over Test Data.");
        manager.respond(model,testData,responseFile);
        System.out.println("     finished test data.");
```

```
    System.out.println();
    System.out.println("FINISHED.");
```

Senseval 3 학습 데이터를 처리하기 위해서 그 구조에 맞게 클래스를 구현하였다. 우선 의미 중의성을 가진 어휘사전을 위해 SenseEvalDict라는 클래스를 구현하였다(1). SenseEvalDict 클래스는 단어들과 단어의 범주(예를 들면, Add.v)로 구성된 String값을 키로 하고 Sense라는 클래스열을 값(value)으로 하는 자바의 HashMap 컨테이너를 상속한 클래스이다.

```
public class SenseEvalDict extends HashMap<String,Sense[]> (1)
```

여기서 Sense 클래스는 아이디, 단어 원천(source), WordNet의 Synset 정보, 그리고 사전적 정의 정보로 구성된다.

```
static class Sense {
   String mId;
   String mSource;
   String mSynset;
   String mGloss;
   ...
```

학습 데이터를 코딩에 사용하기 위해 TrainingData 클래스를 구현하였다. TrainingData 클래스에서 학습 데이터 형식은 어휘사전 클래스에서 구현된 형식과 유사하며 TrainingData 클래스는 단어의 대푯값을 키로 하고 단어와 단어의 범주열로 구성된 자바 Map을 값(value)으로 하는 자바 HashMap을 상속한다. 여기서 단어와 단어의 범주열로 구성된 Map은 각 단어 의미에 부여된 키를 기준으로 그 의미에 해당하는 텍스트적 요소열의 Map이다.

```
public class TrainingData extends
HashMap<String,Map<String,List<String>>>
```

이 학습 데이터와 사전 정보를 담은 위의 두 클래스들을 기반으로 단어 의미 중의성 해소를 위한 기계학습 모델을 생성한다. 모델 생성을 위해서 SenseEvalModel 이라는 클래스를 구현하고 이 클래스는 모델 생성에 필요한 기계학습 기반 단어 중의성 해소 기법(또는 분류기, classifier라고 함)을 지칭하는 이름(예를 들면, KNN)을 키로 하고 그 분류기를 값으로 하는 HashMap을 상속하는 클래스이다.

라인 (1)은 SenseEvalModel 클래스가 분류기 이름을 Key로 하고 분류기 클래스를 값으로 하는 HashMap을 확장하는 클래스임을 보여준다. 이 SenseEvalModel 클래스에는 위의 사전과 학습 데이터의 내용을 담고 있는 SenseEvalDict과 TrainingData를 인수(argument)로 받는 constructor가 구현되어서 모델 생성을 하게 된다(2). 학습 데이터에서 의미 중의성을 가진 모든 단어들에 대해서 각 단어별 그 단어에 해당하는 의미열을 순차적으로 처리한다(3)~(4). 자바 List 자료 구조로 되어 있는 단어 의미열을 String열로 변환시킨 후에(5) 단어 의미 중의성 해소 분류기 학습을 위해 입력값(input)으로 사용한다(6). 이에 대한 설명은 아래 createClassifierTrainer함수를 설명할 때 자세히 다루기로 한다. 학습을 위한 사전 정지 작업이 끝난 후에 각 단어의 의미당 단어를 분류하기 위해 Classification 클래스를 구현해서 처리한다(7)~(8). 이와 아울러서 단어 의미별 분류를 위해서 각 단어 의미를 정의하는 텍스트 요소가 필요하게 된다(9). 이 두 가지 요소를 입력값(input)으로 해서 단어 의미 중의성 해소를 위한 분류기 학습 모델 생성을 위해서 학습 데이터들이 LingPipe의 내부적 형식(CharSequence)으로 변환된다(10)~(11). 이 과정이 끝나고 나면 각 단어별 분류기가 학습되고 학습된 결과가 HashMap에 매핑되어 저장하고 이후에 있을 분류 성능 평가에 사용한다(12)~(13).

```
public class SenseEvalModel extends HashMap<String,Classifier> { (1)

    SenseEvalModel(SenseEvalDict dict, TrainingData trainingData) (2)
        throws Exception  {
```

```
        for (String wordPlusCat : trainingData.keySet()) { (3)
            Map<String,List<String> senseToTextList =
trainingData.get(wordPlusCat); (4)

            String[] senseIds =
senseToTextList.keySet().<String>toArray(new String[0]); (5)

            ObjectHandler<Classified<CharSequence>> trainer
                = createClassifierTrainer(senseIds); (6)

            for (String senseId : senseToTextList.keySet()) { (7)
                Classification classificationForSenseId = new
Classification(senseId); (8)
                List<String> trainingTextList =
senseToTextList.get(senseId); (9)
                for (String trainingText : trainingTextList) { (
                        Classified<CharSequence> classified
                        = new
Classified<CharSequence>(trainingText,classificationForSenseId); (10)
                        trainer.handle(classified); (11)
                }
            }

            BaseClassifier<CharSequence> classifier
                = (BaseClassifier<CharSequence>)

AbstractExternalizable.compile((Compilable)trainer); (12)
                put(wordPlusCat,classifier); (13)
            }
        }

    }
```

위에서 언급한 분류기 클래스 생성에 대해서 소개한다. 분류기 생성은 createClassifierTrainer함수에서 구현되고 있다(1). 분류기의 종류는 단어 의미 중의성 해소 코드 예제 초반부에 언급한 9개의 분류기 중 하나를 선택해서 선택된 분류 기법에 따라서 학습하게 된다. 분류기 선택은 메인함수에서 수동적으로 선택하게 되는데 0~8까지 정수값이며 이 값은 자바의 switch문을 통해서 분류기 이름으로 매핑되고 해당 분류기법이 분류기로 생성된다. 그 중 몇 가지만 소개하자면 분류기 중 정수값 0에 해당하는 것은 Character 기반 언어 모델 분류기이다. 이 분류기는 LingPipe에서 제공하는 기본적 파라미터값들을 사용하며 5-gram character 언어 모델을 사용한다(3)~(4). 이 책 예제에서 사용한 것은 TF*IDF 기반 분류기로서 자질에 해당하는 모든 단어들을 TF*IDF값으로 가중치를 부여하고 이를 분류기 학습에 사용한다. 이 분류기는 정규화된 Tokenizer factory를 이용하는데 이 factory는 단어 소문자화, 스테밍(stemming), 불용어 처리를 한다.

```
public ObjectHandler<Classified<CharSequence>>
createClassifierTrainer(String[] senseIds) { (1)

    switch (sClassifierNumber) { (2)

    case 0:  // DEFAULT CHARACTER LM CLASSIFIER (3)
        return
DynamicLMClassifier.createNGramProcess(senseIds,5); (4)
    ...

    case 6:  // TF-IDF CLASSIFIER (5)
        FeatureExtractor<CharSequence> featureExtractor5
            = new TokenFeatureExtractor(SPACE_TOKENIZER_FACTORY);
(6)
        return new TfIdfClassifierTrainer<CharSequence>
(featureExtractor5); (7)
    ...
```

```
    }

}
```

위의 분류기 학습을 바탕으로 모델을 생성하고 생성된 모델의 성능을 평가하기 위해서 테스트 데이터를 이용한다. 테스트 데이터는 TestData 클래스를 구현해서 처리한다. 각각의 테스트 데이터는 학습 데이터와 형식은 동일하지만 의미 킷값이 존재하지 않는다. TestData 클래스는 3개의 자바 리스트를 광역적 변수로 갖는데 첫 번째는 테스트 케이스에 있는 단어와 그 단어의 범주열이며 두 번째는 각각의 테스트 케이스에 대한 케이스 아이디 리스트이고 세 번째는 그 케이스에 대한 텍스트적 요소 리스트이다(1)~(3).

```
public class TestData {
    List<String> mWordsPlusCats = new ArrayList<String>(); (1)
    List<String> mInstanceIds = new ArrayList<String>(); (2)
    List<String> mTextsToClassify = new ArrayList<String>(); (3)
```

생성된 모델을 바탕으로 테스트 데이터를 이용해서 단어 의미 중의성 해소 기법의 성능을 평가하는 코드는 LingPipeWSDManager 클래스 response함수에 구현되어 있다. 이 함수는 생성된 모델인 SenseEvalModel 객체와 테스트 데이터인 TestData 객체 그리고 성능 결과가 기록될 파일명을 인수(argument)로 받는다. 테스트 데이터의 광역변수 중에 단어와 그 단어의 범주로 이루어진 리스트를 for문을 통해서 하나씩 받아서 그 값을 가지고 모델에서 분류기를 선정한다(1)~(3). 또한 그 각 단어와 범주 합으로 이루어진 리스트 요소에 대해서 분류 대상이 되는 텍스트 요소를 선택한다(4)~(5). 이후 텍스트 요소에 대해서 분류기를 적용해서 단어 의미 중의성 해소 예측을 수행한다(6). 라인 (7)~(13)은 결과가 조건적 분류일 경우 N개의 최적의 결과를(0부터 1000까지 중에서) 출력하는 코드이다. (14)~(15)라인은 그렇지 않을 경우, 즉 하나의 값을 분류 예측값을 출력할 때를 나타낸다.

```
public void respond(SenseEvalModel model, TestData testData, File
file) throws IOException {

    FileOutputStream fileOut = new FileOutputStream(file);
    OutputStreamWriter osWriter = new
OutputStreamWriter(fileOut,"ISO-8859-1");
    BufferedWriter bufWriter = new BufferedWriter(osWriter);

    for (int i = 0; i < testData.mWordsPlusCats.size(); ++i) { (1)
        String wordPlusCat = testData.mWordsPlusCats.get(i); (2)
        BaseClassifier<CharSequence> classifier =
model.get(wordPlusCat); (3)
            String instanceId = testData.mInstanceIds.get(i); (4)
            String textToClassify =
testData.mTextsToClassify.get(i); (5)

            Classification classification =
classifier.classify(textToClassify); (6)
            bufWriter.write(wordPlusCat + " " + wordPlusCat +
".bnc." + instanceId);
            if (classification instanceof
ConditionalClassification) { (7)
                ConditionalClassification condClassification
                        = (ConditionalClassification)
classification; (8)
                for (int rank = 0; rank < condClassification.size();
++rank) { (9)
                        int conditionalProb = (int)
java.lang.Math.round(1000.0
    * condClassification.conditionalProbability(rank)); (10)
```

```
                        if (rank > 0 && conditionalProb < 1) break;
(11)
                        String category =
condClassification.category(rank); (12)
                        bufWriter.write(" " + category + "/" +
conditionalProb); (13)
                    }
                } else { (14)
                    bufWriter.write(" " +
classification.bestCategory()); (15)
                    }
                    bufWriter.write("\n");
                }
                bufWriter.close();
}
```

10 Chapter

맺음말

Chapter 10

맺음말

Information Communication Technology(ICT)의 발전에 따르는 4차 산업혁명 시대가 도래하였다. 4차 산업혁명은 빅데이터, 인공지능, 사물인터넷 등의 신기술을 중심으로 사회·경제 전반에 걸쳐 다양한 변화를 초래하게 될 것이다. 4차 산업혁명 시대에는 데이터의 양이나 종류 그리고 데이터가 축적되는 속도의 측면에서 지금까지 우리가 다루었던 데이터와는 많이 다를 것이다. 특히 소셜 미디어 데이터, 센서 데이터, 이메일, 학술논문 전문, 신문기사 등 비정형 데이터의 폭발적인 증가가 예상된다. 비정형 데이터는 정형 데이터와는 달리 전처리과정이 매우 중요하며 텍스트에 대한 이해 및 분석이 중요하다. 텍스트 마이닝은 비정형 데이터를 처리하고 분석하는 모든 과정에 연계되어 있고 궁극적으로 자연어 처리된 빅데이터 속에 내재되어 있는 숨은 지식과 패턴을 발견해서 새로운 가치를 창출하는 데 목적을 두고 있다.

본 텍스트 마이닝 책은 맺음말을 포함해서 총 10장으로 구성했다. 기본적인 텍스트 전처리부터 기본적이고 다양한 텍스트 분석 기법들을 예제와 함께 소개하였다. 여기서 다루지 못한 감성 분석, 딥 러닝과 같은 중요한 주제들은 분량의 제한에 의해서 어쩔 수 없이 제외되었는데 또 다른 기회를 빌어 소개하고자 한다. 예제에 쓰인 텍스트 마이닝 기법들은 자바 프로그래밍 언어로 구현되었는데 자바를 사용한 이유는 단순히 저자가 가장 편하게 사용하는 언어이기 때문이다. 자바를 어렵게 생각하는 사람들은 파이썬이나 R을 사용하여 이 책에서 소개하는 기법들을 구현하는 것도 좋은 방법이 될 수 있다.

지금까지 텍스트 마이닝 수업을 진행하면서 마땅한 교재가 없어 수업진행에 어려움을 겪곤 하였다. 또한 텍스트 마이닝에 관심을 갖고 있는 사람들에게서 텍스트 마이닝을 배우기 위해 적절한 책을 추천해 달라는 얘기를 종종 듣곤 하였다. 이런 두 가지 이유가 이 책을 저술하는 주된 동기가 되었고 이 텍스트 마이닝 책을 필두로 해서 텍스트 마이닝과 관련된 다양한 분야에서 관련 책들이 나오길 기대한다.

References

강범모. 2005. "동음이의어의 사용 양상," 어학연구, 41(1): 1-29.

강상욱, 김민호, 권혁철, 오주현. 2016. "세종 전자사전과 준지도식 학습 방법을 이용한 용언의 어의 중의성 해소," 정보과학회 컴퓨팅의 실제 논문지, 22(2): 107-112.

강승식. 1994. "다층 형태론과 한국어 형태소 분석 모델", 한국정보과학회언어공학연구회 94 제6회 한글 및 한국어정보처리 학술대회, 1994 Nov. 18, pp.140-145

강승식. 2002. "한국어 형태소 분석과 정보 검색". 홍릉과학출판사.

곽철헌, 서영훈, 이충희. 2016. "한국어 명사의 지식기반 의미중의성 해소를 위한 효과적인 품사집합," 한국콘텐츠학회논문지, 16(4): 418-425.

국립국어원 언어정보나눔터. 2016. "말뭉치 파일자료". [2016.09.] 〈https://ithub.korean.go.kr/user/corpus/corpusSearchManager.do〉.

권영수. 2000. "언어과학연구: 프로토타입과 어휘의미," 언어과학연구, 18: 1-20.

김민호, 권혁철. 2011. "한국어 어휘의미망의 의미 관계를 이용한 어의 중의성 해소," 정보과학회논문지: 소프트웨어 및 응용, 38(10): 554-564.

김은진, 이수원. 2010. "의미그룹을 이용한 단어 중의성 해소," 정보과학회논문지: 컴퓨팅의 실제 및 레터, 16(6): 747-751.

김준수, 최호섭, 옥철영. 2003. "가중치를 이용한 통계 기반 한국어 동형이의어분별 모델", 정보과학회논문지: 소프트웨어 및 응용, 30(11): 1112-1123.

박상근, 최지연, 최기선. 2014. "가변길이 윈도우와 빈도 가중치를 이용한 단어의미 중의성 해소," 한국정보과학회 제41회 정기총회 및 동계학술발표회, 441-443.

박성배, 장병탁, 김영택. 2000. "의미 부착이 없는 데이터로부터의 학습을 통한 의미 중의성 해소," 한국정보과학회 학술발표논문집, 27(1B): 330-332.

박용민, 이재성. 2012. "한국어 단어 공간 모델을 이용한 단어 의미 중의성 해소," 한국콘텐츠학회논문지, 12(6): 41-47.

신준철, 옥철영. 2012. "기분석 부분 어절 사전을 활용한 한국어 형태소 분석기," 정보과학회논문지: 소프트웨어 및 응용, 39 (5): 415-424.

신준철, 옥철영. 2012. "한국어 품사 및 동형이의어 태깅을 위한 단계별 전이 모델," 정보과학회논문지: 소프트웨어 및 응용.

신중호, 한영석, 박영찬, 최기선. 1994. "어절구조를 반영한 은닉 마르코프 모델을 이용한 한국어 품사태깅," 한글 및 한국어 정보처리 학술대회, pp. 389-394.

심광섭, 양재형. 2004. "인접 조건 검사에 의한 초고속 한국어 형태소 분석," 정보과학회논문지: 소프트웨어 및 응용, 31(1): 89-99.

오동석, 강상우, 서정연. 2016. "Word2Vec을 이용한 반복적 접근 방식의 그래프 기반 단어 중의성 해소," 인지과학, 27(1): 43-60.

유혜원. 2004. 한국어 정보 처리의 이론과 실제, 제이앤씨.

윤애선, 황순희, 이은령, 권혁철. 2009. "한국어 어휘의미망 [KorLex 1.5]의 구축," 정보과학회논문지: 소프트웨어 및 응용, 36(1): 92-108.

이기용. 1997. "구문 분석기 데이터 정보 개발에 관한 연구," 한국과학기술원.

이용구, 정영미. 2007. "사전 정보를 이용한 단어 중의성 해소 모형에 관한 실험적 연구," 정보관리학회지, 24(1): 321-342.

이현아. 2014. "가변 크기 문맥과 거리가중치를 이용한 동형이의어 중의성 해소," 한국마린엔지니어링학회지, 38(4): 444-450.

장동현, 맹성현. 1996. "효율적인 색인어 추출을 위한 복합명사 분석방법," 제8회 한글 및 한국어 정보처리학술대회.

장동현, 맹성현. 1997. "자동 요약 시스템," 정보과학회지, 15(10): 42-49.

정영미, 이용구. 2005. "정보검색 성능 향상을 위한 단어 중의성 해소 모형에 관한 연구," 정보관리학회지, 22(2): 125-145.

조정길, 신광철. 2014. "그래프 연결성 측정을 사용한 그래프 기반의 어의 중의성 해소," 한국정보기술학회논문지, 12(6): 143-151.

허정, 서희철, 장명길. 2006. "상호정보량과 복합명사 의미사전에 기반한 동음이의어 중의성 해소," 정보과학회논문지: 소프트웨어 및 응용, 33(12): 1073-1089.

허정, 옥철영. 2001. "사전의 뜻풀이말에서 추출한 의미정보에 기반한 동형이의어 중의성 해결 시스템," 정보과학회논문지: 소프트웨어 및 응용, 28(9): 688-698.

황화상・한정한・임명섭. 2004. "자연언어처리를 위한 한국어 명사구의 분석 방법 연구," 한국어학, 24.

Abney, S. 1991. "Parsing By Chunks." In Robert Berwick and Steven Abney and Carol Tenny, *Principle-Based Parsing*, Kluwer Academic Publishers.

Agirre, E. and Soroa, A. 2009. "Personalizing pagerank for word sense disambiguation". In Proceedings of the *12th Conference of the European Chapter of the Association for Computational Linguistics*, 33-41.

Agirre, E. Martínez, D., de Lacalle, O., and Soroa, A. 2006. "Two graph-based algorithms for state-of-the-art WSD". In Proceedings of the *2006 Conference on Empirical Methods in Natural Language Processing*, 585-593.

Aho, A.V., Sethi, R. and Ullman, J.D. 1986. *Compilers: principles, techniques, and tools.*

Addison-Wesley Longman Publishing Co., Inc. Boston, MA, USA.

Ando, R.K., Boguraev, B.K., Byrd, R.J., and Neff, M.S. 2000. "Multi-document Summarization by Visualizing Topical Content." In Proceedings of the *Workshop on Automatic Summarization*, 79-88. New Brunswick, New Jersey: Association for Computational Linguistics.

Arora R. and Balaraman, R. 2008. "Latent dirichlet allocation based multi-document summarization." Proceedings of the *Second Workshop on Analysis for Noisy Unstructured Data AND*.

Bahl, L.R. and Mercer, R.L. 1976. "Part of speech assignment by a statistical decision algorithm." In Proceedings *IEEE International Symposium on Information Theory*, pp. 88-89.

Bansard J-Y, Rebholz-Schuhman D, Cameron G, et al. 2007. "Medical informatics and bioinformatics: a bibliometric study." *Ieee Transactions on Information Technology in Biomedicine*. 11(3):237-243. doi:10.1109/TITB.2007.894795.

Barzilay, R. and Elhadad, M. 1999. "Using lexical chains for text summarization." In I. Mani and M.T. Maybury(eds.). In *Advances in Automatic Text Summarization*. Cambridge, MA: The MIT Press. 111-121.

Berstel, J. and Boasson, L. 1990. Jan van Leeuwen(ed.). "Context-Free Languages." *Handbook of Theoretical Computer Science B*. Elsevier. pp. 59-102.

Bird, S. 2006. NLTK: the natural language toolkit, 21st International Conference on Computational Linguistics and 44th Annual Meeting of the Association for Computational Linguistics.

Blei, D. M. 2012. "Probabilistic topic models." *Communications of the ACM*, 55(4): 77-84.

Blei, D. M., Ng, A. Y., and Jordan, M. I. 2003. "Latent Dirichlet Allocation." *Journal of Machine Learning Research*, 3. pp. 993-1022.

Bordag, S. 2006. "Word sense induction: Triplet-based clustering and automatic evaluation." In *EACL*, 137-144.

Brody, S. and Lapata, M. 2009. "Bayesian word sense induction". In Proceedings of the *12th Conference of the European Chapter of the Association for Computational Linguistics*, 103-111.

Buchholz, S., Veenstra, J. and Daelemans, W. 1999. "Cascaded Grammatical Relation Assignment." In Proceedings of *EMNLP/VLC-99*, University of Maryland, USA.

Celikyilmaz, A. and Hakkani-Tür, D. 2011. "Concept-based classification for multi-document summarization." *Acoustics, Speech and Signal Processing(ICASSP)*, 2011

IEEE International Conference, pp. 5540-5543.

Chakraborty, G. and Pagolu, M. 2014. "Analysis of Unstructured Data: Applications of Text Analytics and Sentiment Mining". *SAS Global Forum 2014*, 1779-2014.

Cheng, J., Cline, M., Martin, J., Finkelstein, D., Awad, T., Kulp, D., and Siani-Rose, M.A. 2004. "A knowledge-based clustering algorithm driven by Gene Ontology". *Journal of biopharmaceutical statistics*. 14(3): 687-700.

Chien J.T. and Chang, Y.L. 2013. "Hierarchical theme and topic model for summarization," *2013 IEEE International Workshop on Machine Learning for Signal Processing (MLSP)*, Southampton, pp. 1-6.

Chin-Yew Lin. 2004. "Rouge: A package for automatic evaluation of summaries." In Proc. *ACL workshop on Text Summarization Branches Out*.

Chomsky, Noam. 1965. *Aspects of the Theory of Syntax*. MIT Press.

Chung, Y.M., and Lee, J.Y. 2001. "A Corpus-based Approach to Comparative Evaluation of Statistical Term Association Measures." *Journal of the American Society for Information Science and Technology*, 52(4): 283-296.

Church, K.W. 1988. "A stochastic parts program and noun phrase parser for unrestricted text." In *Second Conference on Applied Natural Language Processing*, pp. 136-143. ACL.

Cobo, M. J., López-Herrera, A. G., Herrera-Viedma, E., & Herrera, F. 2011. "An approach for detecting, quantifying, and visualizing the evolution of a research field: A practical application to the fuzzy sets theory field." *Journal of Informetrics*, 5(1): 146-166.

Cullingford, R. 1998. "SAM." In *Inside Computer Understanding*. Edited by Schank, R. C. and Reisbeck, C. K. Hillsdale: LEA Publishers.

Deerwester, S., Dumais, S., Landauer, T., Furnas, G. and Harshman, R. 1990. "Indexing by latent semantic analysis." *Journal of the Aamerican Society of Information Science*, 41(6): 391-407.

DeJong, G. 1982. "An overview of the FRUMP system". In W.G. Lehnert and M.H. Ringle(eds.). *Strategies for Natural Language Processing*. 149-176.

Del Pozo, A., Pazos, F., and Valencia, A. 2008. "Defining functional distances over Gene Ontology". *BMC Bioinformatics*. 9: 50.

Delort, J.Y. and Alfonseca, E. 2012. "DualSum: a Topic-Model based approach for update summarization." Proceedings of the *13 Conference of the European Chapter of the Association for Computational Linguistics*, pp. 214-223.

Dhungana, U., Shakya, S., Baral, K. and Sharma, B. 2015. "Word sense disambiguation using WSD specific WordNet of polysemy words". In *ICSC*, 148-152.

Di Marco, A. and Navigli, R. 2013. "Clustering and diversifying web search results with graph-based word sense induction". *Computational Linguistics*, 39(3): 709-754.

Duan, W., Song, M., Yates, A. 2009. "Fast Max-margin Clustering for Unsupervised Word Sense Disambiguation in Biomedical Texts." *BMC Bioinformatics 2009*, 10(Suppl 3):S4doi:10.1186/1471-2105-10-S3-S4.

Dunning, T. 1994. "Statistical Identification of Language." New Mexico State University. *Technical Report MCCS*, 94-273.

Edmunson, H.P. 1959. "New methods in automatic extracting." *Journal of the ACM*, 16(2): 264-285.

Feldman, R. and Sanger, J. 2007. "Introduction to Text Mining." In *The Text Mining Handbook: Advanced Approaches to Analyzing Unstructured Data*(pp. 1-10). New York: Cambridge University Press.

Finkelstein, L., E. Gabrilovich, Y. Matias, E. Rivlin, Z. Solan, G. Wolfman and E. Ruppin 2002. "Placing Search in Context: The Concept Revisited." *ACM Transactions on Information Systems*, 20(1): 116-131.

Francis, W.N. and Kuˇcera, H. 1982. *Frequency Analysis of English Usage*. Houghton Mifflin, Boston.

Gao, J., G. Xu and J. Xu. 2013. "Query Expansion Using Path-constrained Random Walks." Proceedings of the *36th International ACM SIGIR Conference on Research and Development in Information Retrieval*, New York, NY, USA, ACM.

Garside, R., Leech, G., and McEnery, A. 1997. *Corpus Annotation*. Longman, London and New York.

George K. Zipf. 1949. *Human Behavior and the Principle of Least Effort*. Addison-Wesley.

Goldstein, J., Mittal, V.O., Carbonell, J.G. and Kantrowitz, M. 2000. "Multi-document summarization by sentence extraction." Proceedings of the *Workshop on Automatic Summarization*. 40-48.

Gonen, H. and Goldberg, Y. 2016. "Semi Supervised Preposition-Sense Disambiguation using Multilingual Data." In Proc. of *COLING*, 2718-2729.

Griffiths, T. 2002. "Gibbs sampling in the generative model of latent dirichlet allocation." http://citeseerx.ist.psu.edu/viewdoc/Summary?doi=10.1.1.138.3760

Griffiths, T. and Steyvers, M. 2007. "Finding scientific topics." Proceedings of the *National Academy of Science*, 101, pp. 5228-5235.

Griffiths, T. and Steyvers, M. 2004. "Finding scientific topics." Proceedings of the

National Academy of Sciences. Apr. 6; 101 Suppl 1: 5228-5235.

Guan, J., & Gao, X. 2008. "Comparison and evaluation of Chinese research performance in the field of bioinformatics." *Scientometrics*, 75(2): 357-379.

Haghighi, A. and Vanderwende, L. 2009. "Exploring content models for multi-document summarization." Proceedings of *HLT: NAACL 2009*. pp 362-370.

Harabagiu, S. and Maiorano, S. 2002. "Multi-Document Summarization with GISTextr." In Proceedings of *Second International Conference on Language Resources and Evaluation(LREC-2002)*.

Hearst, M. 1999. "Untangling Text Data Mining," in the Proceedings of *ACL'99*: the 37th Annual Meeting of the *Association for Computational Linguistics*, University of Maryland, 20-26 June.

Hessami, E., Mahmoud, F., and Jadidinejad, A. 2011. "Unsupervised graph-based word sense disambiguation using lexical relation of WordNet". *International Journal of Computer Science Issues*, 8(6): 225-230.

Hoa Trang Dang. 2006. "Overview of duc 2006." In Proceedings of the *Sixth Document Understanding Conference*(DUC), Vancouver, Canada.

Hoa Trang Dang. 2007. "Overview of duc 2007." In Proceedings of the *Seventh Document Understanding Conference*(DUC), Vancouver, Canada.

Hovy, E. Marcus, M., Palmer, M., Ramshaw, L., and Weischedel, R. 2006. "Ontonotes: The 90% solution," in: Companion Volume to the Proceedings of the Human Language Technology Conference of the North American Chapter of the Association for Computational Linguistics, New York, NY, 4-9 June 2006, pp. 57-60.

Huang, E., Socher, R., Manning, C., and Ng, A. 2012. "Improving word representations via global context and multiple word prototypes". In Proceedings of the *50th Annual Meeting of the Association for Computational Linguistics*, 1: 873-882.

Iacobacci, I., Pilehvar, M., and Navigli, R. 2016. "Embeddings for word sense disambiguation: An evaluation study". In Proceedings of the *54th Annual Meeting of the Association for Computational Linguistics*, 1: 897-907.

Ide, N., and Veronis, J. 1998. "Introduction to the special issue on word sense disambiguation: the state of the art". *Computational linguistics*, 24(1): 2-40.

Jiang, J.J. and Conrath, D.W. 1997. "Semantic Similarity Based on Corpus Statistics and Lexical Taxonomy." In *International Conference on Research on Computational Linguistics(ROCLING X)*, pages 9008+, September 1997.

Jing, H., Barzilay, R., McKeown, K., and Elhadad, M. 1998. "Summarization Evaluation

Methods: Experiments and Analysis." In *Working Notes of the Workshop on Intelligent Text Summariztion*, 60-80. Menlo Park, California: American Association for Artificial Intelligence Spring Symposium Series.

KAIST SWRC. 2016. "KAIST Corpus". [2016.09.] 〈http://semanticweb.kaist.ac.kr/home/index.php/KAIST_Corpus〉

Kaplan, R. M. and Kay, M. 1994. "Regular models of phonological rule systems." *Computational Linguistics*, 20(3): 331-378.

Karlsson, F., Voutilainen, A., Heikkila, J., and Anttila, A. 1995. *Constraint Grammar: A Language-independent System for Parsing Unrestricted Text*. Mouton de Gruyter, Berlin.

Kliegr, T., K. Chandramouli, J. Nemrava, V. Svatek and E. Izquierdo. 2008. "Combining image captions and visual analysis for image concept classification." Proceedings of the *9th International Workshop on Multimedia Data Mining: held in conjunction with the ACM SIGKDD 2008*, ACM.

Koskenniemi, K. 1986. "Compilation of automata from morphological two-level rules." In Karlsson, F., editor, *Papers from the Fifth Scandinavian Conference on Computational Linguistics*, 143-149.

Kroeger, Paul. 2005. *Analyzing Grammar: An Introduction*. Cambridge: Cambridge University Press

Kupiec, J., Pedersen, J., and Chen, F. 1995. "A trainable document summarizer." In Proceedings of the *18th Annual International Conference on Research and Development in Information Retrieval*. 68-73.

Larson, R. and Segal, G. 1995. *Knowledge of Meaning: An Introduction to Semantic Theory*. The MIT Press, Cambridge.

Leonard Rechardson. 2012. http://www.crummy.com/software/BeautifulSoup/

Levine, J.R., Mason, T., Brown, D. 1992. LEX & YACC(2nd ed.). O'Reilly. pp. 1-2.

Leydesdorff, L. 1997. "Why words and co-words cannot map the development of the sciences." *Journal of the American society for information science*, 48(5): 418-427.

Lin, D. 1998. "An Information-Theoretic Definition of Similarity." In Proceedings of the *Fifteenth International Conference on Machine Learning(ICML '98)*, Jude W. Shavlik(Ed.). Morgan Kaufmann Publishers Inc., San Francisco, CA, USA, 296-304

Lin, D. 1998. "Automatic retrieval and clustering of similar words." *17th International Conference on Computational linguistics(COLING)*. Montreal, Canada. pp. 768-774.

Linz, P. 2011. *An Introduction to Formal Languages and Automata*, Jones & Bartlett Learning.

Luhn, H.P. 1958. "The automatic creation of literature abstracts." *IBM Journal of Research and Development*, 2(2): 159-165.

Maguitman, A.G., Menczer, F., Roinestad, H., Vespignani, A. 2005. *Algorithmic detection of semantic similarity*. WWW 2005: 107-116

Mallery, J. 1988. "Thinking about foreign policy: Finding an appropriate role for artificial intelligence computers." *Ph. D. diss.*, MIT Political Science Department, Cambridge.

Mani, I. 2001. *Automatic Summarization*. Amsterdam: John Benjamins Publishing Co.

Mani, I. and Bloedorn, E. 1999. "Summarizing similarities and differences among related documents." *Information Retrieval*, 1: 35-67.

Mani, I. and Maybury, M.T., eds. 1999. *Advances in Automatic Text Summarization*. Cambridge, MA: The MIT Press.

Mani, I., Gates, B., and Bloedorn, E. 1999. "Improving summaries by revising them." In Proceedings of the *37th Annual Meeting of the Association for Computational Linguistics*, 558-565.

Manning, C.D. and Schütze, H. May 1999. *Foundations of Statistical Natural Language Processing*, MIT Press. Cambridge, MA.

Manning, C.D. Raghavan, P. and Hinrich Schütze. 2008. *Introduction to Information Retrieval*. Cambridge University Press.

Manoharan, A., Kanagavel, B., Muthuchidambaram, A., & Kumaravel, J.P.S. 2011. "Bioinformatics research—an informetric view." In *2011 International Conference on Information Communication and Management*, 199-204.

Marcu, D. 1999. "Discourse trees are good indicators of importance in text." In I. Mani and M.T. Maybury, eds. *Advances in Automatic Text Summarization*. Cambridge, MA: The MIT Press. 123-136.

Marcus, M.P., Santorini, B., and Marcinkiewicz, M.A. 1993. "Building a large annotated corpus of English: The Penn treebank." *Computational Linguistics*, 19(2), 313-330.

Marshall, I. 1983. "Choice of grammatical word-class without GLobal syntactic analysis: Tagging words in the LOB corpus." *Computers and the Humanities*, 17, 139-150.

Matsuo, Y., T. Sakaki, K. Uchiyama and M. Ishizuka. 2006. "Graph-based word clustering using a web search engine." Proceedings of the *2006 Conference on Empirical Methods in Natural Language Processing, Association for Computational Linguistics*.

McKeown, L. and Radev. D. 1995. "Generating summaries of muliple news articles." Proceedings of the *18th Annual International ACM SIGIR Conference on Research and Development in Information Retrieval*. 74-82.

Microsoft. 2016. "distributed_skipgram_mixture". [2016.09.] 〈https://github.com/Microsoft/distributed_skipgram_mixture/〉.

Mihalcea, R. 2005. "Unsupervised large-vocabulary word sense disambiguation with graph-based algorithms for sequence data labeling". In Proceedings of the conference on *Human Language Technology and Empirical Methods in Natural Language Processing*, 411-418.

Mikolov, T., Sutskever, I., Chen, K., Corrado, G.S., Dean, J. 2013. "Distributed representations of words and phrases and their compositionality." *Advances in Neural Information Processing Systems*. 3111-3119.

Miller, G. 1995. "WordNet: a lexical database for English". *Communications of the ACM*, 38(11): 39-41.

Mimno, D., McCallum, A. 2008. "Topic models conditioned on arbitrary features with Dirichlet-multinomial regression." *The 24th Conference on Uncertainty in Artificial Intelligence*, 411-418.

Molatudi, M., Molotja, N., & Pouris, A. 2009. "A bibliometric study of bioinformatics research in South Africa." *Scientometrics*, 81(1): 47-59.

Moro, A., Raganato, A., and Navigli, R. 2014. "Entity linking meets word sense disambiguation: A unified approach". *Transactions of the Association for Computational Linguistics*, 2: 231-244.

Myaeng, S.H. and Jang, D.H. 1999. "Development and evaluation of a statistically-based document summarization system." In I. Mani and M.T. Maybury, eds. *Advances in Automatic text Summarization*. Cambridge, MA: The MIT Press. 61-70.

Nagesh, K. and Murty, M. N. 2012. "Obtaining Single Document Summaries Using Latent Dirichlet Allocation." *Neural Information Processing Lecture Notes in Computer Science*, Vol. 7666, pp. 66-74.

Nasiruddin, M. 2013. "A State of the Art of Word Sense Induction: A Way Towards Word Sense Disambiguation for Under-Resourced Languages." *TALN-RÉCITAL 2013*. Les Sables d'Olonne, France. pp. 192-205.

Navigli, R. 2009. "Word sense disambiguation: A survey". *ACM Computing Surveys*, 41(2): 10.

Navigli, R. and Lapata, M. 2010. "An experimental study of graph connectivity for unsupervised word sense disambiguation". *IEEE transactions on pattern analysis and machine intelligence*, 32(4): 678-692.

Newman, D., Block, S. 2006. "Probabilistic Topic Decomposition of an Eighteenth-

Century Newspaper." *Journal of the American Society for Information Science and Technology*, 57(5): 753-767.

Ou, S., Khoo, C.S., Goh, D.H.L. 2007. "Automatic multidocument summarization of research abstracts: Design and user evaluation," *JASIST.*

Paice, C.D. and Jones, P.A. 1993. "The identification of important concepts in highly structured technical papers." Proceedings of the *16th Annual International ACM SIGIR Conference on Research and Development in Information Retrieval.* 69-78.

Patra, S.K. and Mishra, S. 2006. "Bibliometric study of bioinformatics literature." *Scientometrics*, 67(3): 477-489.

Pekar, V. and Staab, S. 2002. Proceedings of the *19th international conference on Computational linguistics.* 1:1. doi:10.3115/1072228.1072318

Perez-Iratxeta, C., Andrade-Navarro, M. A., & Wren, J. D. 2007. "Evolving research trends in bioinformatics." *Briefings in Bioinformatics.* 8(2): 88-95.

Ponzetto, S., and Navigli, R. 2010. "Knowledge-rich word sense disambiguation rivaling supervised systems". In Proceedings of the *48th annual meeting of the association for computational linguistics*, 1522-1531.

Porteous, I., Newman, D., Ihler, A., Asuncion, A., Smyth, P. and Welling, M. 2008. "Fast collapsed gibbs sampling for latent dirichlet allocation." In *SIGKDD*, pp. 569-577.

Porter, Martin F. 1980. "An Algorithm for Suffix Stripping, Program," 14(3): 130-137

Radev, D.R., Jing, H., and Budzikowska, M. 2000. "Centroid-based summarization of multiple documents: sentence extraction, utility-based evaluation, and user studies." *NAACL/ANLP Workshop on Automatic Summarization.* 21-30.

Ramshaw, L. A. and Marcus, M.P. 1995. "Text Chunking Using Transformation-Based Learning." In Proceedings of the *Third ACL Workshop on Very Large Corpora*, Cambridge MA, USA.

Rath, G., Resnick, A., and Savage, T. 1961. "The information of abstracts by the selection of sentences." *American Documentation*, 12(2). Reprinted in *Advances in Automatic Text Summarization*, I. Mani and M.T. Maybury(eds.), 287-292. Cambridge, Massachusetts: MIT Press.

Ratnaparkhi, A. 1998. "Maximum Entropy Models for Natural Language Ambiguity Resolution". *PhD thesis*, University of Pennsylvania.

Rau, L.F., Jacobs, P.S., Zernik, U. 1989. "Information extraction and text summarization using linguistic knowledge acquisition." *Information Processing and Management*, 25(4): 419-428.

Reisinger, J., and Mooney, R. 2010. "Multi-prototype vector-space models of word meaning". In *Human Language Technologies: The 2010 Annual Conference of the North American Chapter of the Association for Computational Linguistics*, 109-117.

Resnik, P. 1995. Chris S. Mellish, ed. "Using information content to evaluate semantic similarity in a taxonomy". Proceedings of the *14th International Joint Conference on Artificial Intelligence(IJCAI'95).* Morgan Kaufmann Publishers Inc., San Francisco, CA, USA. 1: 448-453.

Rosch, E. 1975. "Cognitive representations of semantic categories". *Journal of experimental psychology: General*, 104(3): 192.

Salton, G. 1989. *Automatic Text Processing.* Addison-Wesley Publishing Company. p. 530.

Salton, G. and Buckley, C. 1988. "Term-weighting approaches in automatic text retrieval." *Inform. Process. Man*, 24(5): 513-523.

Salton, G., Wong, A., and Yang, C.S. 1975. "A Vector Space Model for Automatic Indexing," *Communications of the ACM*, vol. 18, nr. 11, pp. 613-620.

Sanderson, M. 1998. "Accurate User Directed Summarization from Existing Tools", Proceedings of the *7th International Conference on Information and Knowledge Management*, pp.45-51.

Schütze, H. 1998. "Automatic word sense discrimination". *Computational linguistics*, 24(1): 97-123.

Schütze, H. 1998. "Dimensions of meaning." 1992 *ACM/IEEE Conference on Supercomputing.* Los Alamitos, CA: IEEE Computer Society Press. pp. 787-796.

Seo, H., Lee, S., Rim, H., and Lee, H. 2001. "KUNLP system using classification information model at SENSEVAL-2". In The Proceedings of the *Second International Workshop on Evaluating Word Sense Disambiguation Systems*, 147-150.

Shannon, C.E. 1948. *A mathematical theory of communication Bell system technical Journal*, Vol. 27.

Sinha, R. and Mihalcea, R. 2007. "Unsupervised graph-based word sense disambiguation using measures of word semantic similarity". In *ICSC*, 7: 363-369.

Song, M. and Kim, S. Y. 2013a. "Detecting the knowledge structure of bioinformatics by mining full-text collections." *Scientometrics*, 96(1): 183-201.

Song, M., Han, N. G., Kim, Y. H., Ding, Y., & Chambers, T. 2013c. "Discovering Implicit Entity Relation with the Gene-Citation-Gene Network." *PloS one*, 8(12):

e84639.

Song, M., Heo, G. E., & Kim, S. Y. 2014a. "Analyzing topic evolution in bioinformatics: investigation of dynamics of the field with conference data in DBLP." *Scientometrics*, 1-32.

Song, M., Kim, S., Zhang, G., Ding, Y., & Chambers, T. 2014b. "Productivity and influence in bioinformatics: A bibliometric analysis using PubMed central." *Journal of the Association for Information Science and Technology*, 65(2): 352-371.

Spark Jones, K. 1972. "A Statistical Interpretation of Term Specificity and Its Application in Retrieval." *Journal of Documentation*, 28(1): 11-20

Stein, G.C., Bagga, A., and Wise, B. 2000. "Multi-document summarization: methodologies and evaluations." In Proceedings of *Conference TALN 2000*.

Steven Bird. 2006. "NLTK: the natural language toolkit." In Proceedings of the *COLING/ACL on Interactive presentation sessions, COLING-ACL '06*, pp. 69-72. Association for Computational Linguistics.

Stevenson, M. 2003. *Word Sense Disambiguation: the Case for Combinations for Knowledge Sources*. California: CSLI Publications.

Steyvers, M., Griffiths, T. 2007. "Probabilistic topic models." *Handbook of Latent Semantic Analysis*. Edited by T. K. Landauer, D. S. McNamara, S. Dennis, W. Kintsch. NJ: Erlbaum.

Sugimoto, C.R., Pratt, J.A., & Hauser, K. 2008. "Using field co-citation analysis to assess reciprocal and shared impact of LIS/MIS fields." *Journal of the American Society for Information Science & Technology*, 59(9), 1441-1453.

Tian, F., Dai, H., Bian, J., Gao, B., Zhang, R., Chen, E., and Liu, T. Y. 2014. "A probabilistic model for learning multi-prototype word embeddings". In *COLING*, 151-160.

Toutanova, K. and Manning, C. M. 2000. "Enriching the Knowledge Sources Used in a Maximum Entropy Part-of-Speech Tagger." In Proceedings of the *Joint SIGDAT Conference on Empirical Methods in Natural Language Processing and Very Large Corpora(EMNLP/VLC-2000)*, pp. 63-70.

Toutanova, K., Brockett, C., Gamon, M., Jagarlamudi, J., Suzuki, H. and Vanderwende, L. 2007. "The phthy summarization system: Microsoft research at duc 2007." In *Proceeding DUC 2007*.

Trask, A., Michalak, P. and Liu, J. 2015. "Sense2vec-A fast and accurate method for word sense disambiguation in neural word embeddings". arXiv preprint arXiv:1511.06388.

Turing, A. M. 1950. "Computing machinery and intelligence". *Mind*, 59(236): 443-460.

Udi Manber and Gene Myers. 1991. "Suffix arrays: a new method for on-line string searches". *SIAM Journal on Computing*, Vol. 22, Issue 5(October 1993), pp. 935-948.

Véronis, J. 2004. "Hyperlex: Lexical cartography for information retrieval". *Computer Speech and Language*, 18(3): 223-252.

Wang, D. Zhu,S., Li, T., and YiGong, Y. 2009. "Multi-document summarization using sentence-based topic models." In Proceedings of the *ACL-IJCNLP 2009 Conference Short Papers(ACLShort '09)*. Association for Computational Linguistics, Stroudsburg, PA, USA, 297-300.

Widdows, D. and Dorow, B. 2002. "A graph model for unsupervised lexical acquisition." *19th International Conference on Computational Linguistics(COLING)*. Taipei, Taiwan. pp. 1-7.

Wu, H., Su, Z., Mao, F., Olman, V., and Xu, Y. 2005. "Prediction of functional modules based on comparative genome analysis and Gene Ontology application". *Nucleic Acids Research*, 33(9): 2822-37.

Yang, Y. and Pedersen, J.O. 1997. "A comparative study on feature selection in text categorization." In Proceedings of the *14th International Conference on Machine Learning*.

찾아보기

| 저자소개 |

저자 송민 교수는 연세대 문헌정보학과 정교수이고 2014년부터 언더우드 특훈교수이다. 송민 교수는 연세대학교 문헌정보학 학사, Indiana University 문헌정보학 석사, Drexel University의 School of Information Science and Technology에서 박사학위를 마쳤다. 연세대학교로 부임하기 전에는 필라델피아에 있는 Thomson Reuters사에 Senior Software Engineer로 1999년부터 2005년까지 근무했으며, 그 후 2006년부터 2012년 2월까지 뉴저지 공대(New Jersey Institute of Technology)에서 정보시스템학과에 부교수로 근무했다.

전공 분야는 Text Mining이며 지금까지 SCI급 논문 60여 편과 국제학술지 70여 편을 게재했으며 Text Mining 분야에서 활발한 학술활동을 펼치고 있다. 연구재단이 주관하는 Social Science in Korea(SSK) 중형 책임연구자이며 BK21+ 빅데이터 기반 미래 지식정보서비스팀의 책임연구자이다. 또한 유전자동의보감 사업단에서 바이오 텍스트 마이닝 세부과제 책임자로 연구를 수행하고 있다.

텍스트 마이닝

2017년 8월 20일 1판 1쇄 인쇄
2017년 8월 25일 1판 1쇄 발행

저　자 | 송 민
발행인 | 이수영
발행처 | 도서출판 청람
서울시 마포구 독막로 288(대흥동, 세양상가 109호)
전　화 | 02)3272-2601~2
팩　스 | 02)3272-2603
이메일 | crbooks@daum.net
홈페이지 | http://www.crbooks.co.kr
등　록 | 2000년 8월 26일 제6-0509호

ISBN 978-89-5972-593-9 93320　　[정가 17,000원]